literatura fácil para la E.S.O.

ESPASA

literatura fácil para la E.S.O.

MERCEDES SÁNCHEZ

ESPASA

Director Editorial: Juan Ignacio Alonso Campos
Directora de colección: Nuria Esteban Sánchez
Realización textos: Mercedes Sánchez
Diseño de cubierta: Joaquín Gallego

Primera edición: junio, 2000
Segunda edición: septiembre, 2000

Depósito legal: M. 35.942-2000
I.S.B.N.: 84-239-3575-2

Espasa, en su deseo de mejorar sus publicaciones, agradecerá cualquier sugerencia que los lectores hagan al departamento editorial por correo electrónico: sugerencias@espasa.es

Impreso en España/Printed in Spain
Impresión: Huertas, S. A.

Editorial Espasa Calpe, S. A.
Carretera de Irún, km 12,200. 28049 Madrid

ÍNDICE

Cronología de la historia de la literatura

Literatura antigua

Literatura medieval hasta el siglo XV

SIGLO XV

SIGLO XVI. EL RENACIMIENTO

SIGLO XVII. EL BARROCO

SIGLO XVIII. EL NEOCLASICISMO

SIGLO XIX. ROMANTICISMO. REALISMO. NATURALISMO

SIGLO XX

Cronología de la historia de la literatura

HISTORIA DE LA LITERATURA		EDAD ANTIGUA SIGLOS
• *Los vedas* (India).	h. 1500 y 100 a. C.	**S. XV a. C.**
• *Mahabharata* y *Ramayana* (India). • Los fenicios desarrollan la escritura alfabética.	h. 1000 y 500 a. C. h. 1100-888 a. C.	**S. XI a. C.**
• David y Salomón.		**S. X a. C.**
• Homero: *La Ilíada* y *La Odisea.*	h. 750 a. C.	**IX-VIII a. C.**
• Esopo (Grecia). • Auge de la poesía lírica en Grecia.	 h. 650 a. C.	**VII a. C.**
• Safo (Grecia). • Confucio (China). • Jeremías (Israel). • Anacreonte (Grecia). • Tales de Mileto. Inicios de la filosofía racionalista griega.		**VI a. C.**
• Representación de *Los Persas,* tragedia de Esquilo. • Sócrates, Platón y Aristóteles (Grecia). • Píndaro, Aristófanes (Grecia). • Esquilo, Sófocles, Eurípides (Grecia). • Heródoto, Jenofonte, Tucídides (Grecia).	472 a. C.	**V a. C.**
• Menandro (Grecia). • Demóstenes (Grecia).		**IV a. C.**
• Fundación de la Biblioteca de Alejandría.	290 a. C.	**III a. C.**

EDAD ANTIGUA SIGLOS		HECHOS HISTÓRICOS
S. XV a. C.	1301	• Comienza el reinado de Ramsés II, de la XIX dinastía egipcia.
	1250	• Huida de los israelitas de Egipto.
S. XI a. C.	1020-961	• Reinados de Saúl y David en Israel.
S. X a. C.		• La ciudad de Troya es destruida.
	961-922	• Reinado de Salomón en Israel.
	900	• Formación de Esparta (Grecia). Establecimiento del pueblo etrusco (Italia).
IX-VIII a. C.	814	• Fundación de Cartago en las costas tunecinas.
	776	• Primeros juegos Olímpicos celebrados en Grecia.
	753	• Fundación mítica de Roma por Rómulo.
VII a. C.	700-450	• Cultura de Hallstatt. Primeros instrumentos de hierro en Europa.
VI a. C.	594	• Gobierno de Solón en Atenas.
	587	• Destrucción de Jerusalén por Nabucodonosor II.
	563-453	• Siddharta Gautama crea una doctrina y una religión: el budismo.
	550-530	• Ciro el Grande funda el imperio persa.
	530	• Actividad de Pitágoras, matemático y filósofo.
	509	• Instauración de la república en Roma.
V a. C.	490-449	• Guerras Médicas.
	490	• Batalla de Maratón.
	479-338	• Período clásico de la cultura griega.
	477	• Fundación de la liga de Delos. Atenas se convierte en la primera potencia económica de Grecia.
	443-439	• Gobierno de Pericles. La democracia ateniense llega en este período a su máximo esplendor.
IV a. C.	336-323	• Reinado de Alejandro Magno.
III a. C.	219-202	• Campaña de Aníbal en Italia. Los romanos se establecen en la Península.
	212	• Muere Arquímedes.

HISTORIA DE LA LITERATURA		EDAD ANTIGUA SIGLOS
• Plauto (Roma). • Se presentan las comedias de Terencio en Roma.		**II a. C.**
• Florecimiento de la literatura latina: Virgilio. • Horacio, Salustio, Julio César, Cicerón (Roma).		**I a. C.**
• Tito Livio, Ovidio, Séneca (Roma). • Evangelio según san Mateo. • Apocalipsis, de san Juan.	 70-80 95	 **Se inicia la Era Cristiana** **I**
• Plutarco (Roma). • Apuleyo (Roma).		**II**
• Kalidasa (India). • San Jerónimo traduce la Biblia al latín, *Vulgata.*		**IV**
• San Juan Crisóstomo sobre el *Génesis* y el *Antiguo Testamento.* • *El Talmud.*		**V**

HISTORIA DE LA LITERATURA		EDAD MEDIA SIGLOS
• San Isidoro de Sevilla.	565-636	**VI**
• El Corán queda fijado en texto.	650	**VII**
		VIII

EDAD ANTIGUA SIGLOS		HECHOS HISTÓRICOS
II a. C.	149-146	• Tercera guerra púnica. Destrucción de Cartago.
	146	• Grecia pasa a ser provincia romana.
I a. C.	59	• Julio César cónsul de Roma.
	44	• Asesinato de César.
	43	• Segundo triunvirato (Marco Antonio, Lépido, Octavio).
		• El imperio (fin del s. I a. C. Hasta s. V d. C.).
Se inicia la Era Cristiana I		• Acueducto de Segovia.
	19	• Hispania provincia pacificada.
	70	• Tito toma Jerusalén y destruye el templo; inicio de la Diáspora.
	79	• Pompeya es destruida por el Vesubio.
II	102-107	• Arco de Bará en Tarragona.
		• Vía Augusta y vía de la Plata.
	114-116	• Trajano ocupa Armenia, Mesopotamia y Asiria. Máxima extensión territorial del imperio.
	161-180	• Primeras invasiones de los bárbaros.
IV	313	• Edicto de Milán. Constantino establece la libertad religiosa en el imperio romano.
	324	• Fundación de Constantinopla, nueva capital del imperio romano.
	395	• Teodosio divide el imperio en dos partes: el de Occidente con capital en Roma, y el de Oriente con capital en Bizancio.
V	406	• Los suevos, los vándalos y los alanos invaden la Galia.
	410	• Alarico saquea Roma.
	456-472	• Período de invasiones bárbaras.
	476	• Caída del Imperio Romano de Occidente. Empieza la Edad Media.

EDAD MEDIA SIGLOS		HECHOS HISTÓRICOS
VI	507	• Clodoveo vence a los visigodos en Vouillé.
	527	• Justiniano, emperador de Bizancio.
	589	• III Concilio de Toledo. Recaredo se convierte al cristianismo.
VII	622	• Hégira: Mahoma huye a Medina. Inicio del calendario musulmán.
VIII	711	• Derrota en Guadalete de Rodrigo, último rey visigodo.
	718-737	• Don Pelayo instaura el reino de Asturias.
	795	• Carlomagno establece en la Península Ibérica la Marca Hispánica.

HISTORIA DE LA LITERATURA		EDAD MEDIA SIGLOS
		IX
		X
• Aparición de las jarchas. El primer testimonio escrito de la literatura española. • *La canción de Roldán* (Francia).	1040? 1090?	XI
• Desarrollo del Mester de Juglaría. • *Poema de Mio Cid.* • *Los Nibelungos* (Alemania). • Gonzalo de Berceo.	 1140? 1160 ¿1195-1264?	XII
• *Auto de los Reyes Magos.* • Alfonso X el Sabio. • Apogeo de la lírica provenzal. • Desarrollo del Mester de Clerecía. • Dante (Italia). • Don Juan Manuel.	1200 1221-1284 1250 1265-1321 ¿1282-1348?	XIII
• Francesco Petrarca (Italia). • Giovanni Boccaccio (Italia). • Pero López de Ayala. • Arcipreste de Hita. • Geoffrey Chaucer (Inglaterra).	1304-1374 1313-1375 1332-1407 ¿1284-1350? 1340-1400	XIV

HISTORIA DE LA LITERATURA		EDAD MODERNA SIGLOS
• Marqués de Santillana. • Arcipreste de Talavera. • Juan de Mena. • Jorge Manrique. • Elio Antonio de Nebrija. • Nebrija escribe la primera gramática castellana. • Juan del Encina. • Fernando de Rojas. • *Coplas* de Jorge Manrique. • *Tragicomedia de Calisto y Melibea.*	1398-1458 1398-1470 1411-1456 1440-1478 1444-1522 1492 1468-1529 h. 1465-1541 h. 1476 1502	XV

EDAD MEDIA SIGLOS	HECHOS HISTÓRICOS	
IX	800	• Se impone el feudalismo como fórmula de organización social.
X	929	• Abderramán III proclama el califato independiente de Córdoba.
XI	1035-1065 1085 1094 1096	• Fernando I instaura el reino de Castilla. • Alfonso VI conquista Toledo. • El Cid conquista Valencia. • Comienza la primera cruzada. • Desarrollo del arte románico.
XII	1118-1133 1149	• Alfonso I de Aragón ocupa Zaragoza e impulsa la Reconquista. • Los catalano-aragoneses ocupan la cuenca del Ebro. • Peregrinaciones a Santiago de Compostela, vía importante de comunicación con la cultura extranjera. • Catedral de Santiago de Compostela.
XIII	1217-1252 1213-1276 1252-1284	• Fernando III el Santo, rey de Castilla, ocupa Andalucía, excepto el reino de Granada. • Jaime I conquista Mallorca y Valencia. • Reinado de Alfonso X el Sabio. Escuela de Traductores de Toledo. • Iniciación del arte gótico (catedral de Toledo).
XIV	1378-1417 1328-1453	• Cisma de Occidente. Terminó con el Concilio de Constanza. • Guerra de los Cien años entre Francia e Inglaterra. • Apogeo del arte gótico (catedrales de Barcelona y León).

EDAD MODERNA SIGLOS	HECHOS HISTÓRICOS	
XV	1437 1453 1469 1473 1478 1480 1492	• Invención de la imprenta por Gutenberg. • Constantinopla cae en poder de los turcos. En Europa comienza el Renacimiento. • Matrimonio de Isabel de Castilla con Fernando de Aragón. • Imprenta de Zaragoza. • Se establece la Inquisición. • Inicio de la Capilla Sixtina. • Toma de Granada. Finalización de la Reconquista. Expulsión de los judíos. Descubrimiento de América.

HISTORIA DE LA LITERATURA		EDAD MODERNA SIGLOS
• Garcilaso de la Vega.	1503-1536	XVI
• Santa Teresa de Jesús.	1515-1582	
• Luis de Camões (Portugal).	1524-1580	
• Fray Luis de León.	1527-1591	
• Michel de Montaigne (Francia).	1533-1592	
• San Juan de la Cruz.	1542-1591	
• Edición de *El Lazarillo de Tormes.*	1554	
• Miguel de Cervantes.	1547-1616	
• Luis de Góngora.	1561-1627	
• Félix Lope de Vega.	1562-1635	
• William Shakespeare (Inglaterra).	1564-1616	
• *La Araucana* de Alonso de Ercilla.	1569	
• Francisco de Quevedo.	1580-1645	
• Tirso de Molina.	1579-1648	
• Pedro Calderón de la Barca.	1600-1681	XVII
• Se publica el *Romancero General.*	1600	
• William Shakespeare escribe *Hamlet.*	1601	
• Baltasar Gracián.	1601-1658	
• Francisco de Quevedo escribe *El Buscón.*	1603	
• Primera parte de *El Quijote.*	1605	
• Pierre Corneille (Francia).	1606-1684	
• John Milton (Inglaterra).	1608-1674	
• Segunda parte de *El Quijote.*	1615	
• Mueren Shakespeare y Cervantes.	1616	
• Lope de Vega escribe *Fuenteovejuna.*	1619	
• Molière (Francia).	1622-1673	
• Pedro Calderón de la Barca escribe *La vida es sueño.*	1635	
• Jean Racin (Francia).	1639-1699	
• Don Ramón de la Cruz.	1731-1794	XVIII
• Félix María de Samaniego.	1745-1801	

EDAD MODERNA SIGLOS		HECHOS HISTÓRICOS
XVI	1504	• Muere Isabel la Católica.
	1508	• Universidad de Alcalá de Henares.
	1517	• Comienza la Reforma protestante. Lutero hace públicas sus noventa y cinco tesis.
	1519	• Empieza la conquista de México.
	1519	• Carlos I es coronado emperador.
	1534	• Fundación de la Compañía de Jesús.
	1534	• Cisma de Inglaterra. Lutero traduce la Biblia.
	1543	• Copérnico publica *Sobre las revoluciones de los mundos celestes.*
	1545	• Empieza el Concilio de Trento.
	1556	• Abdicación de Carlos I. Empieza a reinar Felipe II.
	1561	• Madrid, capital de la monarquía hispánica.
	1563	• Termina el Concilio de Trento.
	1571	• Batalla de Lepanto.
	1598	• Muere Felipe II. Felipe III, rey de España.
	1599	• Nace Diego Velázquez.
XVII	1600	• La Corte española se traslada a Valladolid.
	1606	• Nace Rembrandt. La corte vuelve a Madrid.
		• Se estrena *Orfeo* de Claudio Monteverdi.
	1609	• Expulsión de los moriscos de España. Telescopio de Galileo. Johannes Kepler publica *Astronomía nova.*
	1614	• Muere El Greco.
	1618	• Comienza la Guerra de los Treinta años.
	1621	• Muere Felipe III. Su sucesor, Felipe IV, entrega el gobierno al Conde-Duque de Olivares.
	1630	• Se inician las obras del palacio del Buen Retiro.
	1635	• Fundación de la Academia Francesa para el fomento de las artes y las ciencias. Guerra con Francia.
	1656	• Velázquez pinta *Las Meninas.*
	1665	• Muere Felipe IV. Empieza el reinado de Carlos II.
	1666	• Isaac Newton logra la descomposición de la luz.
	1668	• Por el Tratado de Lisboa, España reconoce la independencia de Portugal.
	1681	• En España, la carencia de heredero al trono y la enajenación de Carlos II escinde a la corte en dos partidos: uno favorable a la dinastía francesa y el otro a la austriaca.
XVIII	1700	• Muere Carlos II. Felipe V, rey de España.
	1701-1715	• Guerra de Sucesión.

HISTORIA DE LA LITERATURA		EDAD MODERNA SIGLOS
• Goethe (Alemania).	1749-1832	
• Tomás de Iriarte.	1750-1791	
• Juan Meléndez Valdés.	1754-1817	
• Johann Christop Friedrich von Schiller (Alemania).	1759-1805	
• Leandro Fernández de Moratín.	1760-1828	XVIII
• Françoise de Chateaubriand (Francia).	1768-1848	
• La Academia Española publica la *Gramática de la Lengua.*	1771	
• Lord Byron (Inglaterra).	1788-1824	

HISTORIA DE LA LITERATURA		EDAD CONTEMPORÁNEA SIGLOS
• Leandro Fernández de Moratín estrena *La comedia nueva* o *El café.*	1792	
• Duque de Rivas.	1791-1865	
• Percy Bysshe Shelley (Inglaterra).	1792-1822	XVIII
• Fernán Caballero.	1796-1877	
• Heinrich Heine (Alemania).	1797-1856	
• Nacen Alexander Pushkin (Rusia) y Honoré de Balzac (Francia).	1799	
• Victor Hugo (Francia).	1802-1885	
• Schiller publica *Guillermo Tell.*	1804	
• José de Espronceda.	1808-1842	
• Mariano José de Larra.	1809-1837	
• Charles Dickens (Inglaterra).	1812-1870	
• José Zorrilla.	1817-1893	
• José M.ª Iparraguirre.	1820-1881	
• Gustave Flaubert (Francia).	1821-1881	
• Fedor Dostoievski (Rusia).	1821-1881	
• Lev Tolstoi (Rusia).	1828-1910	XIX
• Pedro Antonio de Alarcón.	1833-1891	
• José María Pereda.	1833-1906	
• Gustavo Adolfo Bécquer.	1836-1870	
• Rosalía de Castro.	1837-1885	
• Benito Pérez Galdós.	1843-1920	
• Zorrilla publica *Don Juan Tenorio.*	1845	
• Emilia Pardo Bazán.	1851-1921	
• Santiago Ramón y Cajal.	1852-1934	
• Oscar Wilde (Irlanda).	1854-1900	

EDAD MODERNA SIGLOS	HECHOS HISTÓRICOS
XVIII	1712 • Felipe V crea la Biblioteca Nacional. 1713 • Se funda la Real Academia Española. 1746 • Muere Felipe V. Fernando VI, rey de España. 1759 • Muere Fernando VI. Carlos III, rey de España. 1767 • Expulsión de los jesuitas de España. 1769 • Nace en Ajaccio (Córcega) Napoleón Bonaparte. 1775 • Empieza la Guerra de Independencia norteamericana. 1782 • James Watt construye la primera máquina de vapor. 1788 • Muere Carlos III. Carlos IV, rey de España.

EDAD CONTEMPORÁNEA SIGLOS	HECHOS HISTÓRICOS
XVIII	1789 • Estalla la Revolución Francesa. George Washington, primer presidente de los Estados Unidos. 1792 • Proclamación de la República Francesa. 1793 • Ejecución de Luis XVI. 1799 • Napoleón, primer cónsul.
XIX	1808 • Empieza la guerra de la Independencia española. 1810 • Da comienzo la sublevación de las colonias españolas. 1812 • Constitución de Cádiz. 1814 • Fernando VII regresa a España. Abdicación de Napoleón. George Stephenson inventa la locomotora. 1821 • Independencia de México, Perú y Venezuela. 1823 • Aparece en Barcelona *El Europeo,* periódico portavoz del movimiento romántico. Se estrena la *Novena Sinfonía,* de Ludwig van Beethoven. 1833 • Muere Fernando VII. Isabel II, reina de España. Comienza la primera guerra carlista. 1838 • Invención del daguerrotipo. 1839 • Abrazo de Vergara. Concluye la primera guerra carlista. 1843 • Estreno de *El buque fantasma,* de Richard Wagner. 1848 • Primera línea de ferrocarril en España: Barcelona-Mataró. Estado revolucionario en toda Europa. 1851 • Ferrocarril Madrid-Aranjuez. Estreno de *Rigoletto,* de Giuseppe Verdi. 1859 • Guerra de Marruecos. Se publica *El origen de las especies,* de Charles Darwin.

HISTORIA DE LA LITERATURA		EDAD CONTEMPORÁNEA SIGLOS
• George Bernard Shaw (Inglaterra).	1856-1950	XIX
• Joan Maragall.	1860-1911	
• Miguel de Unamuno.	1864-1936	
• Ramón M.ª del Valle-Inclán.	1866-1936	
• Jacinto Benavente.	1866-1954	
• Rubén Darío (Nicaragua).	1867-1916	
• Vicente Blasco Ibáñez.	1867-1928	
• Luigi Pirandello (Italia).	1867-1936	
• Maxim Gorki (Rusia).	1869-1936	
• Ramón Menéndez Pidal.	1869-1968	
• Marcel Proust (Francia).	1871-1922	
• Paul Valéry (Francia).	1871-1945	
• Pío Baroja.	1872-1956	
• José Martínez Ruiz «Azorín».	1873-1967	
• Antonio Machado.	1875-1939	
• Juan Ramón Jiménez.	1881-1958	
• James Joyce (Irlanda).	1882-1941	
• Franz Kafka (R. Checa).	1883-1924	
• Alonso Rodríguez Castelao.	1886-1950	
• Fernando Pessoa (Portugal).	1888-1935	
• Ramón Gómez de la Serna.	1888-1963	
• César Vallejo (Perú).	1892-1938	
• Josep Pla.	1897-1981	
• Federico García Lorca.	1898-1936	
• Ernest Hemingway (EE.UU.).	1898-1961	
• Juan Ramón Jiménez publica *Almas de violeta y ninfas.*	1900	1900 XX
• Rubén Darío publica *España contemporánea.*	1901	
• *Soledades* de Antonio Machado.	1903	
• Echegaray, premio Nobel de Literatura.	1904	
• Nacen Alejo Carpentier (Cuba) y Pablo Neruda (Chile).	1904	
• Nace en Dublín Samuel Becket.	1906	
• Edición crítica del *Cantar de Mio Cid,* de Ramón Menéndez Pidal.	1908	
• *Los intereses creados,* de Jacinto Benavente.	1909	
• Miguel Hernández.	1910-1942	1910 XX
• Nace Salvador Espriú.	1913	
• Nace Julio Cortázar.	1914	
• *Platero y yo,* de Juan Ramón Jiménez.	1914	

EDAD CONTEMPORÁNEA SIGLOS	HECHOS HISTÓRICOS
XIX	1866 • Alfred Nobel descubre la dinamita. 1879 • Thomas Alva Edison inventa la lámpara incandescente. 1885 • Epidemia de cólera en España. Muerte de Alfonso XII. Regencia de María Cristina. Se inventa el automóvil. Vacuna antirrábica de Louis Pasteur. 1889 • Exposición universal de París: la torre Eiffel. 1898 • Guerra hispano-norteamericana. España pierde Cuba y Filipinas. Fin del imperio español de ultramar.
1900 XX	1900 • Exposición Universal de París. 1901 • Theodore Roosevelt, presidente de Estados Unidos. 1903 • Marie Curie, premio Nobel de Física, con su marido y Antoine Henri Becquerel. • Estados Unidos obtiene la gestión del canal de Panamá. 1906 • Santiago Ramón y Cajal, premio Nobel de Medicina. 1908 • Inicio del cubismo analítico (Gris, Picasso, Matisse, Braque). 1909 • Semana Trágica de Barcelona. • Guglielmo Marconi, premio Nobel de Física.
1910 XX	1911 • Marie Curie, premio Nobel de Química. 1912 • Asesinato de José Canalejas. 1914 • Asesinato de Francisco Fernando de Habsburgo. Estalla la Primera Guerra Mundial.

HISTORIA DE LA LITERATURA		EDAD CONTEMPORÁNEA DÉCADAS
• Azorín analiza el concepto de *Generación del 98.*	1914	
• Marcel Proust publica el primer volumen de *En busca del tiempo perdido.*	1914	**1910**
• Ramón Gómez de la Serna funda las tertulias del Café Pombo.	1915	**XX**
• *El Espectador,* colección de artículos de José Ortega y Gasset.	1916-1935	
• Jacinto Benavente, premio Nobel de Literatura.	1922	
• *Ulises,* de James Joyce.	1922	
• Rafael Alberti publica *Marinero en tierra.*	1924	**1920**
• *La montaña mágica,* Thomas Mann.	1924	
• Federico García Lorca estrena *Mariana Pineda.*	1927	**XX**
• Nace Gabriel García Márquez.	1928	
• *La voz a ti debida,* de Pedro Salinas.	1932	
• *Residencia en la tierra,* Pablo Neruda.	1935	**1930**
• *El rayo que no cesa,* Miguel Hernández.	1936	
• Muere Antonio Machado.	1939	**XX**
• *Primera antología,* de Gerardo Diego.	1941	
• Muere Rabindranath Tagore.		
• *La familia de Pascual Duarte,* de Camilo José Cela	1942	
• *Ocnos,* de Luis Cernuda.		**1940**
• *El extranjero,* de Albert Camus.		
• *El ser y la nada,* de Jean-Paul Sartre.		**XX**
• Gabriela Mistral obtiene el premio Nobel de Literatura.	1945	
• Miguel Delibes publica *La sombra del ciprés es alargada.*	1948	
• *El túnel,* de Ernesto Sábato.		
• *Historia de una escalera,* de Antonio Buero Vallejo.	1949	
• *Canto general,* de Pablo Neruda.	1950	
• *La colmena,* de Camilo José Cela.	1951	
• *Réquiem por un campesino español,* de Ramón J. Sender.	1953	**1950**
• *El Jarama,* de Rafael Sánchez Ferlosio.	1956	
• Juan Ramón Jiménez, premio Nobel de Literatura.		**XX**
• Muere Pío Baroja.		
• Albert Camus, premio Nobel.	1957	
• *El tambor de hojalata,* de Günther Grass.	1959	

EDAD CONTEMPORÁNEA DÉCADAS		HECHOS HISTÓRICOS
1910 XX	1916	• *Introducción al Psicoanálisis,* de Sigmund Freud. • *Teoría de la relatividad general,* de Albert Einstein.
	1917	• Revolución rusa. Los bolcheviques toman el poder. Los Estados Unidos entran en la Primera Guerra Mundial.
	1918	• Asesinato de la familia imperial rusa. • Concluye la Primera Guerra Mundial.
1920 XX	1920	• Gandhi fomenta la resistencia pasiva en la India. • Derecho a voto de las mujeres en Estados Unidos.
	1921	• Albert Einstein, premio Nobel de Física.
	1922	• Marcha de Benito Mussolini sobre Roma. Rusia se convierte en la URSS.
	1923	• Golpe de estado de Miguel Primo de Rivera.
	1929	• Exposición Universal en Barcelona.
	1929-1930	• Se generaliza el cine sonoro.
1930 XX	1931	• Proclamación de la Segunda República española. Exilio de Alfonso XIII.
	1933	• Adolf Hitler es nombrado canciller alemán.
	1934	• Muere Santiago Ramón y Cajal.
	1936	• Alzamiento del general Franco. Da comienzo la guerra civil española.
	1937	• El *Guernica,* de Pablo Picasso.
	1939	• Fin de la guerra civil española. Comienza la Segunda Guerra Mundial.
1940 XX	1941	• Ataque japonés a Pearl Harbor: entrada de Estados Unidos en la Segunda Guerra Mundial.
	1944	• Desembarco de Normandía. Creación del Fondo Monetario Internacional.
	1945	• Rendición alemana. Bombas atómicas sobre Hiroshima y Nagasaki. Finaliza la Segunda Guerra Mundial. Fundación de la ONU y la UNICEF. • Alexander Fleming, premio Nobel de Fisiología y Medicina.
	1947	• Ley de Sucesión. España definida como reino.
	1948	• Asesinato de Gandhi. Independencia del Estado de Israel.
	1949	• Creación de la República Federal Alemana.
1950 XX	1957	• Creación de la Comunidad Económica Europea.
	1959	• Una sonda espacial rusa llega a la Luna.

HISTORIA DE LA LITERATURA		EDAD CONTEMPORÁNEA DÉCADAS
• Luis Martín Santos publica *Tiempo de silencio.*	1962	**1960** **XX**
• *Rayuela,* de Julio Cortázar.	1963	
• *Cien años de soledad,* de Gabriel García Márquez.	1967	
• Dámaso Alonso es nombrado director de la Real Academia Española.	1968	
• Samuel Beckett, premio Nobel de Literatura.	1969	
• *Poemas póstumos,* de Jaime Gil de Biedma.	1970	**1970** **XX**
• Pablo Neruda, premio Nobel de Literatura.	1971	
• *Anillos para una dama,* de Antonio Gala.	1973	
• *Archipiélago Gulag,* de Alexander Solzhenitsyn.	1974-1976	
• Jorge Guillén, premio Cervantes.	1976	
• Vicente Aleixandre, premio Nobel de Literatura.	1977	
• Dámaso Alonso, premio Cervantes.	1978	
• Gabriel García Márquez, premio Nobel de Literatura.	1982	**1980** **XX**
• Luis Rosales, premio Cervantes.		
• *Libro de desasosiego,* de Fernando Pessoa.		
• Rafael Alberti, premio Cervantes.	1983	
• Gonzalo Torrente Ballester, premio Cervantes.	1985	
• Se estrena *El público,* de Federico García Lorca.	1986	
• Antonio Buero Vallejo, premio Cervantes.	1986	
• María Zambrano, premio Cervantes.	1988	
• Camilo José Cela, premio Nobel de Literatura.	1989	
• Augusto Roa Bastos, premio Cervantes.	1989	
• Fallece Dámaso Alonso.	1990	**1990** **XX**
• Octavio Paz, premio Nobel.		
• Francisco Ayala, premio Cervantes.	1991	
• Miguel Delibes, premio Cervantes.	1993	
• Camilo José Cela, premio Cervantes.	1995	
• Mario Vargas Llosa ingresa en la Real Academia Española.	1996	
• José García Nieto, premio Cervantes.		
• José Saramago, premio Nobel de Literatura.	1998	
• José Hierro, premio Cervantes.		
• Günther Grass, premio Nobel de Literatura.	1999	
• Muere Rafael Alberti.		
• Muere Antonio Buero Vallejo.	2000	**2000** **XXI**

EDAD CONTEMPORÁNEA DÉCADAS	HECHOS HISTÓRICOS
1960 **XX**	1961 • El soviético Yuri Gagarin primer hombre del espacio. 1962 • Se inician las sesiones del Concilio Vaticano II. 1966 • Aprobación en España, mediante referéndum, de la Ley Orgánica del Estado. *Revolución cultural* china. 1968 • Movimiento de protesta estudiantil en Francia: *Mayo Francés. Primavera de Praga:* invasión soviética de Checoslovaquia. 1969 • Neil Armstrong, primer hombre en llegar a la Luna. Francisco Franco designa a Juan Carlos I de Borbón, sucesor.
1970 **XX**	1970 • Acuerdo entre España y la Comunidad Económica Europea (CEE). 1974 • Revolución de los claveles en Portugal. 1975 • Muere Francisco Franco. Juan Carlos I, rey de España. Fin de la guerra de Vietnam. 1977 • Primeras elecciones democráticas en España, con el triunfo de la UCD. 1978 • Se aprueba la Constitución española por referéndum. 1979 • Creación del ECU.
1980 **XX**	1981 • Regresa a España *El Guernica* de Picasso. 1981 • Frustrado golpe de estado del 23 de febrero. Gobierno de Calvo Sotelo. 1982 • Elecciones generales en España. Triunfo del PSOE. Felipe González, presidente. 1986 • España entra en la Comunidad Económica Europea. 1987 • Restauración de la Capilla Sixtina. 1989 • Cae el muro de Berlín.
1990 **XX**	1992 • Inauguración de la Exposición Universal de Sevilla. • Juegos Olímpicos de Barcelona. 1993 • Muere Severo Ochoa, premio Nobel de Medicina en 1959. 1995 • España. Primer Triunfo electoral del PP. José M.ª Aznar, presidente. 1997 • Inauguración en Bilbao del museo Guggenheim. • Primer nacimiento de un mamífero clónico: la oveja Dolly. 1999 • Guerra de Kosovo (Yugoslavia) en la que participan las fuerzas internacionales de pacificación de la OTAN. • Pedro Duque, primer astronauta español en el espacio. • Entra en vigor la moneda única europea (euro).
2000 **XXI**	2000 • Estados Unidos devuelve a Panamá el control sobre la zona del Canal. • José María Aznar continúa al frente del gobierno de España tras su triunfo en las elecciones legislativas.

LITERATURA ANTIGUA

LITERATURAS ANTIGUAS

Desde los orígenes de la historia hasta la Edad Media

LITERATURAS ORIENTALES

- Influyen en Occidente la India y la Hebrea.

LITERATURAS CLÁSICAS

- Griega y Latina. Son clave en la literatura y cultura europeas.

LITERATURA INDIA	**I. Libros sagrados - Los vedas**	Rig-Veda. Yajur-Veda. Sama-Veda. Atharva-Veda.	➩ La primera obra literaria en el orden del tiempo. ➩ En su conjunto se contiene toda la ciencia y la sabiduría religiosa de su época.
	II. Epopeya	Mahbhārata (Vyasa). Ramayana (Valmiki).	➩ Amalgama de monstruosas leyendas y una síntesis de las doctrinas filosóficas indias. Atribuido a *Vyasa.* ➩ Una de las grandes epopeyas universales. Su contenido central es la expedición de *Rama* a Ceilán con el fin de rescatar a su esposa, *Sita,* prisionera del gigante *Ravana.*
	III. Dramática	– Sakuntala (Kalidasa).	➩ Drama sobresaliente, muy elogiado por Goethe.
	IV. Didáctica	Pantchatandra. Código de Manú.	➩ Encierra las leyes religiosas y sociales de esta antigua cultura.

LITERATURA HEBREA

- Es la que más ha influido en las literaturas occidentales.
- Comprende dos períodos: bíblico y postbíblico.

PERÍODO BÍBLICO

- ANTIGUO TESTAMENTO *(libros)*
  - **Históricos**
    - Génesis - Narra la creación del mundo.
    - Éxodo - Relata la huida de Egipto del pueblo de Israel hacia la Tierra Prometida.
    - De Josué, de los Jueces, de los Reyes - Acerca de Israel bajo el gobierno de estos personajes.
    - Rut, Tobías, Judit, Esther...
  - **Jurídicos**
    - Levítico, Números, Deuteronomio.
  - **Sapienciales**
    - Proverbios - Contiene quinientos aforismos salomónicos.
    - Eclesiastés - De gran profundidad y belleza.
    - Sabiduría y Eclesiástico.
  - **Poéticos**
    - Job - Quizá la obra más artística.
    - Salmos o Salterio de David.
    - El Cantar de los Cantares - De gran influencia en los místicos.
    - Libros proféticos - Isaías, Jeremías, Ezequiel, Daniel...
- NUEVO TESTAMENTO *(libros)*
  - **Históricos**
    - Los cuatro Evangelios: San Mateo, San Marcos, San Lucas, San Juan.
    - Los Hechos de los Apóstoles.
  - **Doctrinales**
    - Las Epístolas.
  - **Proféticos**
    - El Apocalipsis de san Juan.

- La Biblia es el libro más influyente en la literatura mundial no sólo por su carácter religioso, sino también por su forma literaria. Escrita en hebreo, arameo y griego.
- Versiones más importantes de la Biblia:
  - La Vulgata, versión latina realizada por San Jerónimo.
  - Biblia políglota complutense (1520). Publicada por el cardenal Cisneros.

LITERATURA CLÁSICA

GRIEGA

Se distingue por su originalidad, universalidad y fuerza creadora, junto con un fondo realista y humano.

- **Épica**
  - Homero: *La Ilíada* y *La Odisea.*
- **Lírica**
  - Anacreonte: *Anacreónticas.*
  - Píndaro: *Odas triunfales.*
- **Dramática**
  - *Tragedia*
    - Esquilo: *Prometeo encadenado, La Orestiada.*
    - Sófocles: *Electra, Antígona.*
    - Eurípides: *Medea, Ifigenia en Aulida.*
  - *Comedia*
    - Aristófanes: *Las avispas, Las ranas.*
    - Menandro: *El arbitraje.*
- **Didáctica**
  - Esopo: *Fábulas.*
- **Filosofía**
  - Sócrates.
  - Platón: *Diálogos.*
  - Aristóteles: *Retórica* y *Poética.*

LATINA

Inspirada y recreada en la griega. Fueron originales en el empleo del género satírico.

- **Lírica**
  - Virgilio: *Las bucólicas, La Eneida.*
  - Horacio: *Épodos, Sátiras, Odas.*
  - Ovidio: *Ars amandi.*
- **Dramática**
  - Plauto: *Los cautivos.*
  - Terencio: *Formión, Los adelfos.*
- **Varios géneros**
  - Cicerón: *De amicitia.*
  - Séneca: *De la brevedad de la vida.*

1. LITERATURA GRIEGA

☞ **GRANDES POETAS GRIEGOS**: Homero, Anacreonte, Píndaro, Esopo.
☞ **LA TRAGEDIA**: Esquilo, Sófocles, Eurípides.
☞ **LA COMEDIA**: Aristófanes, Menandro.
☞ **LA PROSA**: Sócrates, Platón, Aristóteles.

HOMERO

☞ Es el mayor poeta de la Antigüedad clásica. Considerado el poeta épico modelo e iniciador de la cultura clásica.

☞ Su fecha de nacimiento se data hacia el siglo IX antes de Jesucristo.

OBRAS: *La Ilíada* y *La Odisea.* En ellas destacan la exaltación de las virtudes heroicas personificadas en grandes personajes, la gran imaginación y el sorprendente manejo del idioma.

La Ilíada

⇨ El poema refiere las legendarias batallas entre griegos y troyanos, cuya pugna tuvo su origen en la ofensa que Paris, hijo del rey de Príamo, había cometido hacia los griegos raptando a Helena, esposa del rey de los aqueos, Menelao.

El centro **ARGUMENTAL** está constituido por el asedio a Troya y la cólera de Aquiles quien, menospreciado por Agamenón, se retira de la lucha. La muerte de su amigo Patroclo hace reaccionar a Aquiles, quien vuelve al combate y mata a Héctor, tras desafiarlo. La epopeya termina con la humillación del rey Príamo, padre de Héctor, quien pide a Aquiles autorización para llevarse el cadáver de su hijo.

La Odisea

⇨ Obra menos grandiosa que *La Ilíada,* pero más humana y conmovedora.

ARGUMENTO DEL POEMA: Al terminar la guerra de Troya, Ulises (Odiseo) se dirige a su patria, Ítaca. Encuentra durante su viaje serios obstáculos: tempestades, vientos turbulentos, magos, islas movedizas, sirenas… Uno de los terribles peligros a los que se enfrenta Ulises es el de caer en poder de Polifemo, espantoso cíclope, devorador de hombres.

Disfrazado de mendigo, consigue llegar a Ítaca, donde resuelve, sin darse a conocer y con ayuda de su hijo Telémaco, los problemas de su mujer, Penélope, asediada por los nobles de Ítaca, que pretenden casarse con ella.

ANACREONTE
(570-485 a. C.)

☞ Iniciador de la poesía que lleva su nombre. Canta los alegres placeres de la vida, el amor y los festines, las flores y la danza.

📚 Compuso cinco libros de himnos, elegías y cantos eróticos, de los que no han quedado más que fragmentos.

PÍNDARO
(Cinoscéfalos, 518-Argos, 446 a. C.)

☞ Está considerado como el más importante de los poetas líricos de la Antigüedad.

📚 Se conservan de Píndaro cinco libros de *Odas triunfantes* destinadas a los atletas en los juegos gimnásticos.

ESOPO
(mediados del siglo VI a. C.)

☞ Cultivó la poesía didáctico moral.

📚 Sus *Fábulas,* escritas en prosa, con un estilo breve y sencillo, son pequeñas obras maestras llenas de intención y saber popular.

ESQUILO
(Eleusis, h. 525-Gela, 456 a. C.)

☞ Es el padre de la tragedia griega.

☞ La temática de sus obras se inspira en la épica antigua.

☞ Los personajes de sus obras son grandiosos y parecen movidos por una inexorable fatalidad.

☞ Su estilo es vigoroso y rico en metáforas. Sus tragedias elevan el ánimo a un mundo superior.

OBRAS:

– Su obra más famosa es la trilogía *La Orestiada* (*Agamenón*, *Las Coéforas* y *Las Euménides*). Narra la venganza de Orestes, hijo de Agamenón, el héroe de la guerra de Troya que, al volver a su reino fue asesinado por su esposa Clitemnestra y por Egisto, que se había casado con ella durante su ausencia.

SÓFOCLES

(Colona, 495-Atenas, 405 a. C.)

☞ Llevó la tragedia griega a la perfección. Representa el equilibrio de la belleza de lo humano.

☞ Trató temas semejantes a los planteados por Esquilo. Mantuvo como nota constante en sus obras las relaciones entre el hombre y los dioses, lo cual da un sentido religioso a su teatro.

OBRAS:

– *Ayax, Electra, Antígona, Edipo Rey, Edipo en Colona, Filoctetes.*

EURÍPIDES

(Salamina, 480-Macedonia, 406 a. C.)

☞ Es más realista que los autores precedentes. Pinta con maestría las pasiones humanas, por lo que su teatro se aproxima más que el de autores anteriores a la sensibilidad moderna.

Entre sus **TRAGEDIAS** sobresalen: *Medea, Electra, Alcestes, Andrómaca, Ifigenia en Taúride*, que ejercieron una notable influencia en el teatro europeo.

ARISTÓFANES

(Atenas, 445-385 a. C.)

☞ Lleva a su máxima perfección la Comedia antigua.

☞ Su estilo es natural, brillante y vivo.

☞ Ejerció gran influencia en el teatro antiguo.

OBRAS: Entre las más famosas figuran:
- *Las nubes, Las avispas, Las ranas, La asamblea de mujeres.*

MENANDRO
(Atenas, 342-íd., 291 a. C.)

☞ Es el autor más representativo del tercer periodo de la Comedia Ática llamada Comedia Nueva, en la cual se cultiva la sátira social. Es un autor de tendencia moralizadora.

☞ Influyó en Plauto y Terencio.

Sus **OBRAS** se han perdido prácticamente. Sólo se conserva entera *El misántropo.*

SÓCRATES
(Atenas, 470-íd., 399 a. C.)

☞ No se conserva escrita ninguna obra suya, porque exponía sus obras de viva voz.

☞ Cuanto sabemos de sus ideas se debe a sus discípulos, entre los que sobresale Platón, que transcribe fielmente sus pensamientos en sus *Diálogos.*

PLATÓN
(Atenas, 429-íd., 347 a. C.)

☞ Sus escritos, de expresión impecable, de maravillosa poesía, le convierten no sólo en uno de los grandes pensadores universales, sino también en uno de los más perfectos estilistas griegos.

☞ Su obra, escrita en forma de diálogos, en los que Sócrates suele ser el personaje principal, es la primera exposición sistemática de una concepción espiritualista del mundo y del ser humano.

OBRAS:
- *Fedón,* acerca de la inmortalidad del alma.
- *Fedro,* relativa a la belleza.
- *El Banquete,* la obra maestra de Platón, sobre el amor.
- *La República,* en la que describe la forma ideal de la sociedad.

ARISTÓTELES
(Estagira, 384-Calcis, 322 a. C.)

☞ Discípulo de Platón. Compendió todo el saber de su época, pero brilló especialmente en las ciencias naturales descriptivas por sus dotes de observación y su metódico sistema de reunir datos.

☞ El pensador más agudo y el genio de todas las ciencias conocidas en su tiempo, autor de la primera clasificación importante de animales.

☞ Dividió las ciencias en *teoréticas* (matemáticas, física y metafísica), *prácticas* (ética, política y economía) y *poética* (poética, retórica, etc.).

Sus **ESCRITOS** son de carácter vario, entre los que destacan:

- *Física.*
- *Metafísica.*
- *Historia de los animales.*
- *Del alma.*
- *Ética a Nicómano.*
- *Retórica.*
- *Poética.*

2. LITERATURA LATINA

☞ **LA POESÍA:**: Virgilio, Horacio, Ovidio.

☞ **LA COMEDIA**: Plauto, Terencio.

☞ **LA PROSA**: Cicerón, Séneca.

PUBLIO VIRGILIO MARÓN
(Mantua, 70-Brindisi, 19 a. C.)

☞ El conjunto de sus obras representa la más perfecta síntesis de la poesía.

☞ En ellas predomina el sentimiento delicado y un gran fervor patriótico y nacional.

OBRAS:

- *Bucólicas:* Diez poemas de contenido pastoril.
- *Geórgicas:* Se trata de un poema didáctico, en cuatro libros, sobre los trabajos del campo.
- *La Eneida.*

La Eneida

- Constituye la epopeya nacional del pueblo romano.
- De los doce libros de que se compone, los seis primeros se inspiran en *La Odisea* y los seis restantes en *La Ilíada*.
- El **ARGUMENTO**: Eneas, guerrero troyano, después de la destrucción de Troya, se dirige a las costas de Italia, en donde funda un gran pueblo.

QUINTO HORACIO FLACO
(Venusia, 65-Roma, 8 a. C.)

☞ Está considerado como uno de los grandes poetas satíricos. De gran influencia en la literatura posterior.

OBRAS:

– *Épodos,* colección de amables sátiras contra vicios y costumbres.
– *Las Sátiras* y *las Odas,* mezcla de poemas de los más variados asuntos.
– *Las Epístolas: Epístola ad Pisones,* a la que le dio el título de *Arte poética.* En esta obra trata de ofrecer con cierto orden sabios consejos a quienes se inician en la poesía.

PUBLIO OVIDIO NASÓN
(Sulmona, 43-Constanza, Rumanía, 17 d. C.)

☞ Es el tercero entre los grandes poetas latinos y está considerado como el maestro del verso elegíaco. Su obra fue acusada de inmoral y por motivos desconocidos fue deportado y murió en el exilio.

OBRAS:

– *Ars amandi,* tratado didáctico para alcanzar el éxito en el amor.
– Las *Metamorfosis,* amplio conjunto de leyendas mitológicas en las que Ovidio derrocha fantasía y dotes excepcionales de narrador.
– *Las Tristes* y las *Cartas Pónticas,* poesías del destierro.

TITO MACCIO PLAUTO

(Sarsina, h. 251-Roma, 184 a. C.)

☞ Es el autor que lleva la comedia romana a su máxima plenitud.

☞ Imitador de los autores griegos de la última época.

☞ Su continuo derroche de ingenio hace de sus comedias un verdadero modelo de teatro regocijante.

OBRAS:

- *Amphitrio.*
- *Asinaria.*
- *Aulularia.*
- *Miles Gloriosus.*
- *Truculenius.*

PUBLIO TERENCIO AFER

(Cartago, 184-Grecia, 159 a. C.)

☞ Escribió sus comedias en lenguaje exquisito, destinadas al romano culto. Todas ellas contienen una intención docente y moral.

OBRAS:

- *Andria.*
- *Hécyra.*
- *El eunuco.*
- *Formión.*
- *Adelphoe.*

MARCO TULIO CICERÓN

(Arpino, 106-Formias, 46 a. C.)

☞ Por la cantidad de sus escritos, la pureza del lenguaje y la hermosura de su estilo Cicerón es considerado uno de los grandes escritores de la lengua latina.

☞ Su faceta más importante es la de orador; pero son también fundamentales sus actividades como epistológrafo y tratadista de retórica y filosofía.

OBRAS:

- Discursos: *Filípicas,* contra Marco Antonio y *Verrinas,* contra Verres.
- Tratadista de retórica: *De Oratore, Brutus, Orator.*
- Tratadista de filosofía: *De la República* y *De las leyes, De senectute* y *De Amicitia.*
- Epístolas: De temas variadísimos y extraordinario valor documental.

LUCIO ANNEO SÉNECA
(Córdoba, 4 a. C.-Roma, 65 d. C.)

☞ Aunque algunos le consideran el mejor filósofo latino, es fundamentalmente un moralista estoico de gran influencia en algunos escritores.

La **OBRA** literaria de Séneca, muy copiosa, pude dividirse en dos aspectos: sus tragedias y sus tratados filosóficos:

- Tragedias: se le atribuyen *Hércules, Furens, Troades, Medea.* Los temas de estas obras están tomados en su mayor parte de los tres grandes trágicos griegos.
- Tratados filosóficos:
  - *De Clemencia,* dedicado a Nerón.
  - *De la brevedad de la vida.*
  - *De la constancia del sabio.*
  - *De la ira.*

LITERATURA MEDIEVAL HASTA EL SIGLO XV

LITERATURA MEDIEVAL HASTA EL SIGLO XV

LÍRICA	**TRADICIONAL**	Jarchas.	
		Villancicos castellanos.	
		Cantigas de amigo.	
	TROVADORESCA	Cantigas de amor.	
		Cantigas de escarnio.	
		Cantigas sacras.	
	NARRATIVA	**Mester de Clerecía**	GONZALO DE BERCEO: *Milagros de Nuestra Señora.*
			ARCIPRESTE DE HITA: *Libro de Buen Amor.*
			PERO LÓPEZ DE AYALA: *Rimado de Palacio.*
ÉPICA	**Cantares de Gesta**	**Mester de Juglaría**	*Cantar de Mio Cid.*
			Cantar de Roncesvalles.
			Cantar de las mocedades de Rodrigo.
	NOVELA	Libros de caballería.	
	CUENTO	Don JUAN MANUEL: *El conde Lucanor.*	
DRAMÁTICA		*Auto de los Reyes Magos.*	
DIDÁCTICA	**HISTORIA Y CIENCIA**	ALFONSO X EL SABIO: *Crónica General, Libro del saber de Astronomía.*	
	HISTORIA	PERO LÓPEZ DE AYALA: *Crónica de Pedro I.*	

1. LÍRICA

Jarchas

- El término árabe *(khargia)* designa la estrofa de cierre de una composición llamada *moaxaja,* constituida por cinco o más estrofas en versos breves rimados.
- Forma lírica arábigo-andaluza cantadas por los mozárabes.
- Estrofas amatorias puestas en boca de una muchacha enamorada que invoca como confidente de su desahogo a su madre y en ocasiones a sus hermanas.
- Están emparentadas con las *Canciones de amigo.*
- Las jarchas descifradas y publicadas hasta ahora son unas cincuenta.

Villancico castellano

- Es una canción con estribillo con el nombre de *zéjel.*
- Nació en la España musulmana y se propagó a otras regiones del Islam, Francia e Italia.

Cantigas

- Composiciones líricas en lengua galaico-portuguesa. Están reunidas en varios cancioneros y divididas, según la estructura métrica y el tema, en varios géneros (de escarnio, de amor, de amigo).
- CANTIGAS DE ESCARNIO O MALDECIR. Son de carácter satírico contra los clérigos, nobles poetas rivales, damas casadas o doncellas.
- CANTIGAS DE AMOR: Canciones amorosas cantadas por damas y caballeros, en las que los caballeros se lamentan del desdén de la amada o de los rigores de la ausencia.
- CANTIGAS DE AMIGO: Se llaman así por la reiteración frecuente de la voz amigo, equivalente a la de amante. En esta clase de poesía las doncellas hablan de su amigo dialogando, a veces, con las flores, los árboles y los pájaros. Son composiciones de tono dulce, nostálgico y sentimental.

MESTER DE CLERECÍA

- Se llama así a la escuela poética de los escritores cultos.
- Nace en el siglo XII.
- Su denominación proviene de ser oficio, *mester,* de los clérigos o de cuantos se dedicaban al estudio.
- Usa la estrofa llamada *cuaderna vía,* compuesta por cuatro versos alejandrinos o de catorce sílabas con una sola rima (tetrásforo monorrimo).
- Empleo de latinismos y cultismos, influencia del lenguaje juglaresco.
- Temas de las obras:
  - Asuntos sacros (Berceo).
  - Novelescos.
  - Historia antigua.
  - Historia nacional.

GONZALO DE BERCEO

(Berceo, h. 1195-monasterio de San Millán, h. 1265)

☞ Primer poeta de nombre conocido en la literatura castellana y el representante más destacado del mester de Clerecía.

☞ Poeta de candorosa ingenuidad no exenta de socarronería. Tradujo, adaptó y compuso vidas de santos, alabanzas a la Virgen y otros temas religiosos.

☞ Su forma es invariablemente la cuaderna vía de los poetas eruditos de entonces.

OBRAS:

- Hagiográficas:
  - *Vida de santo Domingo de Silos.*
  - *Vida de san Millán de la Cogolla.*
  - *Vida de santa Oria.*
- Mariales:
  - *Milagros de Nuestra Señora.*
  - *Duelo de la Virgen el día de la Pasión de su Hijo.*
- Temas varios:
  - *Martirio de san Lorenzo.*
  - *El sacrificio de la misa.*

Milagros de Nuestra Señora

- Es su obra más importante y extensa.
- Se trata de una colección de 25 milagros de la Virgen a favor de alguno de los devotos para salvar su alma o protegerlos de algún mal.
- Estos milagros y leyendas eran tema muy difundido en la Europa de la época.
- Berceo, pues, no inventa asunto, trata sólo de difundir en lengua romance las historias marianas escritas en latín.

ARCIPRESTE DE HITA
Juan Ruiz
(1284-1350)

☞ Figura señera del siglo XIV en la literatura castellana.

Autor del *Libro de Buen Amor,* extenso poema escrito en su mayoría en la métrica de la *cuaderna vía.*

Libro de Buen Amor

- Escrito entre los años 1330 y 1343.
- Aunque es un poema misceláneo y uniforme, en el que se mezcla lo religioso con lo profano, la fábula con la sátira, se podrían distinguir dos clases de elementos: unos narrativos y otros líricos.
- Extenso poema de unos siete mil versos en *cuaderna vía* de carácter misceláneo donde tiene cabida lo religioso y lo profano, la fábula y la sátira, lo popular y lo culto.
- Está narrado de manera autobiográfica con intención moralizante.
  Incluye una introducción piadosa y una relación de aventuras amorosas del autor, donde el realismo y el sentido del humor son la característica principal.
- Uno de los aspectos más interesantes es la unión de recursos lingüísticos cultos y populares que reflejan los más variados registros de su tiempo.
- El lenguaje del Arcipreste es de los más ricos, vivos y pintorescos de toda la Edad Media.

CANCILLER DON PERO LÓPEZ DE AYALA
(Vitoria, 1332-Calahorra, 1407)

☞ Último gran poeta del mester de Clerecía.

☞ Puede considerarse como un escritor de transición de la cultura medieval a la humanística del siglo XV.

OBRAS:

- En verso: *Rimado de Palacio.*
- En prosa: *Crónicas, Libro de Cetretría.*
- Traducciones.

Rimado de Palacio

- Obra principal del Canciller Pero López de Ayala, compuesta al final de su vida, y en donde se tratan diversas cuestiones: filosofía moral, datos autobiográficos, la doctrina cristiana...
- Extenso poema de unos 8.200 versos escritos en su mayor parte en *cuaderna vía.*
- Sátira vivísima de la sociedad de su tiempo, que termina con una serie de consejos y unas cantigas a la Virgen como remedios a los males y vicios de su tiempo.

2. ÉPICA

Cantares de gesta

- Relatos épicos que difundían los juglares.
- Eran poemas de carácter heroico y tenían como tema la vida de personajes importantes, sucesos notables o acontecimientos de la vida nacional dignos de ser divulgados.
- Reciben el nombre de cantar porque no estaban destinados a la lectura, sino al canto y a la recitación. La línea del canto se repetía igual para cada verso o para cada pareja de versos, con una cadencia de cierre al final del romance.

MESTER DE JUGLARÍA

- Escuela literaria de los juglares.
- Primeras manifestaciones literarias en lengua vulgar que aparecen en la España cristiana del siglo XII.
- Sus creadores, y con frecuencia recitadores, son los juglares, hombres de vida errabunda que van de pueblo en pueblo y de castillo en castillo recitando sus poemas, cobrando por ello o recibiendo dádivas.
- En su repertorio figuran como parte fundamental los cantares de gesta.

Cantar de Mio Cid

- El más antiguo de los cantares de gesta, conservado casi íntegro. Formado por unos 3.700 versos irregulares. Está considerado como una de las piezas de mayor calidad de la épica medieval.
- Compuesto hacia el año 1140 por un juglar anónimo y copiado por Per Abbat en 1307.
- El poema está dividido en tres cantares: *El destierro, La boda de las hijas del Cid* y *La afrenta de Corpes.*
- El *Cantar* no es una obra histórica, sino literaria, por lo que el tratamiento que en él recibe la figura del Cid no se corresponde exactamente con los hechos históricos. Relata las andanzas de Rodrígo Díaz, el Cid, en su destierro de la corte de Alfonso VI.

Cantar de Roncesvalles

- Se ha conservado un fragmento, unos cien versos, sobre la gesta de Roncesvalles.
- Es una reliquia de un cantar del siglo XII. De métrica irregular, la lengua castellana aparece acompañada de elementos navarro-aragoneses.
- Es el más remoto antecedente de los romances carolingios y cuenta el descubrimiento por Carlomagno de los cadáveres del arzobispo Turpín y los caballeros Oliveros y Roldán.

Las mocedades de Rodrigo

- ➪ Compuesto probablemente a finales del siglo XIV o principios del XV.
- ➪ El autor recurre a exageraciones con tal de sugestionar la imaginación del oyente, y no le importa la verosimilitud histórica ni la realidad geográfica.
- ➪ Su importancia radica en ser fuente de inspiración de numerosas versiones posteriores sobre la vida del Cid.
- 🗎 Narra los hechos de la juventud del Cid de manera absolutamente fantástica.

DON JUAN MANUEL

(Escalona, 1282-Córdoba, 1347)

☞ Es el prosista más interesante del siglo XIV. Muy versado en letras clásicas y en las obras de los escritores orientales, sarracenos; fue también muy aficionado al latín, aunque sus producciones las escribió en romance castellano.

☞ Puede considerársele el primer prosista castellano con estilo personal y con conciencia artística.

OBRAS:

- ➪ Históricas: *Crónica abreviada.*
- ➪ Didácticas: *El caballero y el escudero, El libro de los Estados.*
- ➪ Cuentos: *El Conde Lucanor* o *El libro de Patronio.*

El conde Lucanor o *El libro de Patronio*

- ☞ Su autor, Don Juan Manuel, lo finalizó en 1335.
- ☞ Colección de 50 apólogos o cuentos en los que se dan consejos para muy variados problemas. Todos terminan con una moraleja en verso.
- 🗎 Cada cuento es un problema que plantea el Conde a su ayo Patronio. Este le contesta con un apólogo o ejemplo, al cabo del cual añade una moraleja, en forma de pareado, que lo resume.

3. DRAMÁTICA

Auto de los Reyes Magos

☞ Única pieza dramática que se ha conservado (incompleta) de nuestro teatro medieval.
☞ Consta de un fragmento de 147 versos en cinco escenas.
☞ Escrito entre los siglos XII y XIII.
☞ Menéndez Pidal considera que fueron dos los autores.
☞ Parece estar inspirado en el Evangelio de san Mateo.
☞ Algunos de sus aspectos derivan de poemas narrativos franceses sobre la infancia de Jesús.
☞ Es de creer que en el original no faltaría la Adoración de los Magos de Belén.
🗎 En escena aparecen uno tras otro los Reyes Magos y se refieren a cómo han visto la estrella y la llegada a Jerusalén y entrevista con Herodes. También la reacción de Herodes ante la noticia de que había nacido el Rey de los judíos.

4. DIDÁCTICA

ALFONSO X EL SABIO
(Toledo, 1221-Sevilla, 1284)

☞ Más conocido como gran impulsor de la lengua castellana que como político; figura clave para la renovación cultural castellana.

☞ Su corte fue un centro cultural importante de la Europa de su época. Acometió la empresa de transmitir al mundo occidental la cultura oriental, heredera o deudora de la clásica.

☞ Aunque no escribió directamente sus obras, sí las inspiró y corrigió.

📚 **OBRAS**:

- ➪ Históricas: *Crónica general.*
- ➪ Jurídicas: *Las siete Partidas* o *Libro de las leyes.*
- ➪ Científicas: *Libro del saber de Astronomía.*
- ➪ Recreativas: *Libro del ajedrez, dados y tablas.*
- ➪ Poéticas: *Cantigas de santa María.*

5. LITERATURA MEDIEVAL EN ITALIA

DANTE ALIGHIERI

(Florencia, 1265-Rávena, 1321)

☞ El más ilustre de los poetas épicos de la Edad Media y uno de los más grandes de la literatura universal.

Obras menores:

- *De vulgari eloquentia.*
- *Monarchia Mundi.*
- *Vita Nuova.*
- *Canzoniere.*

La Divina Comedia.

- Epopeya cumbre del cristianismo y considerada la creadora de la lengua italiana.
- Consta de cien cantos y se divide en tres partes: Infierno, Purgatorio y Cielo.
- De profundo sentido alegórico.

FRANCESCO PETRARCA

(Arezzo, 1304-Arquia, 1374)

☞ Puede considerarse como el iniciador del movimiento humanista en Europa.

☞ Creó una forma de poesía lírica que ejerció en todo el Renacimiento una influencia decisiva.

☞ Compuso sus obras en latín y en italiano, en verso y en prosa. Su poesía comprende 300 sonetos, 29 canciones, 9 sextinas, 7 baladas y 4 madrigales reunidos en un *Cancionero.*

OBRAS:

- *África,* poema heroico, canta las hazañas de Escipión el Africano.
- *Carmen Bucolicum,* conjunto de doce églogas de asuntos varios.
- *Cancionero (Canzoniere),* canto a Laura, amor platónico del poeta.
- *Trionfi,* poema alegórico sobre el destino de la Humanidad.

GIOVANNI BOCCACCIO
(Florencia, 1313-Certaldo, Florencia, 1375)

☞ Se considera el creador de la prosa italiana.

☞ Ha ejercido una influencia más que notable en la literatura italiana y, en general, en la europea.

☞ Buen amigo de Petrarca, fue, además, el primer comentador de Dante.

OBRAS:

- *El Corbaccio,* sátira contra las mujeres.
- *El Decamerón,* colección de 100 cuentos de inigualable destreza narrativa y magnífica descripción de las costumbres de aquel tiempo, especialmente historias de amores deshonestos.

6. LITERATURA MEDIEVAL EN FRANCIA

El cantar de Roldán

- Autor anónimo.
- Se remonta a principios del siglo XII, se ubica en la época del florecimiento de los cantares de gesta. Por su belleza y antigüedad es el ejemplo más destacado.
- Unos 4.000 decasílabos épicos asonantados.
- Narra la famosa derrota de Carlomagno en Roncesvalles, donde encuentra la muerte el protagonista, Roldán, por la traición de Ganelón.

7. LITERATURA MEDIEVAL EN INGLATERRA

GEOFFREY CHAUCER
(Londres, 1340-íd., 1400)

☞ Se le ha denominado *padre de la poesía inglesa.*

☞ En él se mezcla la nostalgia del mundo místico-cabelleresco y el realismo laico.

Autor de los *Cuentos de Canterbury,* colección inacabada de cuentos en verso, de gran ingenio y con una gran variedad de tipos humanos.

8. LITERATURA MEDIEVAL EN ALEMANIA

☞ Las cortes y castillos se convierten en los centros literarios, donde los señores hacían de protectores de los poetas y artistas.

☞ Fascinantes historias de amor y caballería.

Los Nibelungos

- Poema épico anónimo de más de 8.000 versos compuesto a principios del siglo XIII.
- Puede considerarse «poesía popular», ya que recoge tradiciones nacionales germánicas.
- El poema es vario, grandioso y complicado de acción. El tema central es la traición-venganza.
- Personajes y episodios van pasando con extraordinaria rapidez, mezclando lo mítico con lo histórico. Desprende una profunda religiosidad que asocia a cada hombre con el devenir fatal de las cosas.
- Canta las proezas de su protagonista, Sigfrido, su muerte y la terrible venganza de su esposa Crimilda.

SIGLO XV

LITERATURA DEL SIGLO XV
(Entre la Edad Media, que finaliza, y el Renacimiento, que está a punto de llegar)

ÉPICA	El Romancero.	
	Romances viejos	Históricos: *Cada día que amanece...*
		Carolingios: *En París está doña Alda...*
		Fronterizos: *Paseábase el rey moro...*
		Novelescos y líricos: *Rosa fresca, rosa fresca.*
LÍRICA	Cancionero de Baena.	
	Cancionero de Stúñiga.	
	Poetas	Marqués de Santillana: *Comedieta de Ponza.*
		Juan de Mena: *Laberinto de la Fortuna.*
		Jorge Manrique: *Coplas a la muerte de su padre.*
TEATRO	Gómez Manrique: *Representación del Nacimiento de Nuestro Señor.*	
	Juan del Encina: *Autos de Navidad y de la Pasión.*	
	Lucas Fernández: *Auto de la Pasión.*	
NOVELA	Libros de caballerías: *Amadís de Gaula.*	
	Arcipreste de Talavera: *El Corbacho.*	
	García Ordóñez de Montalvo: *Amadís de Gaula.*	
	Diego de San Pedro: *Cárcel de amor.*	
HUMANISMO	Elio Antonio de Nebrija: *Gramática castellana.*	
PROSA	Fernando de Rojas: *La Celestina.*	
PROSA HISTÓRICA	Hernando de Pulgar: *Claros varones de Castilla.*	

1. LIBROS DE CABALLERÍAS

☞ Recogen uno de los ideales de la sociedad cortesana del siglo XV: la aventur caballeresca. Se diferencia de la literatura épica por la variedad de acciones, la subje tividad del autor y por la alternancia del tono épico con el satírico, el burlesco o inclus el grotesco.

☞ Cada uno de estos libros tenía por héroe a un caballero andante, en quien se en carnaban a la vez el heroísmo y la fidelidad amorosa. Defensor de la justicia y de lo oprimidos, afrontaba las más extraordinarias aventuras contra fantásticos personajes

☞ La novela de caballería nació en Francia y tuvo una enorme difusión en España

☞ La más importante obra de este género aparece en el siglo XV: es el *Amadís d Gaula*.

Amadís de Gaula

⇨ Es el más popular de los libros de caballerías, escrito hacia el año 1492. En 1509 apareció la primera edición en Zaragoza firmada por Garci Rodríguez de Montalvo (en ediciones posteriores aparecería como Garci Ordóñez).

▤ Narra las fantásticas aventuras llevadas a cabo por Amadís, hijo bastardo del rey Perión, en compañía de su hermano Galaor, hasta que logra liberar a su amada Oriana, con quien se casa.

La acción principal está interrumpida por numerosos episodios secundarios donde se cuentan peripecias de otros personajes.

2. EL ROMANCERO

Al decaer los cantares de gesta, la épica española, se refundió con el *romancer* A través de él cobran vigor los personajes históricos como el Cid, Bernardo del Ca pio, los Infantes de Lara y el conde Fernán González.

ROMANCES VIEJOS

☞ Poemas anónimos de ocho sílabas cuyos versos pares riman en asonancia y quedan sueltos los impares.

- ☞ Los romances nacen de la tradición de los cantares de gesta y de las leyendas, compuestos originariamente para ser cantados al son de un instrumento o recitados con acompañamiento de éste.
- ☞ Es una creación genuinamente española.
- ☞ Influyeron mucho en la poesía romántica.
- ☞ **CLASIFICACIÓN**:
  - ➩ Romances históricos: tienen por asunto algún personaje o hecho de la historia de España.
  - ➩ Romances del ciclo carolingio: tomados de la épica francesa.
  - ➩ Romances del ciclo bretón: sólo se conservan tres ejemplares.
  - ➩ Romances novelescos sueltos: se consideran como una degeneración de los históricos y, en parte, remedos de narraciones políticas.
  - ➩ Romances líricos.

3. CANCIONEROS

☞ Son diversas recopilaciones de poesía lírica de uno o más autores que van siendo reunidas desde comienzos del siglo XV sin un criterio determinado.

☞ Se conservan en número considerable, y en ellos tuvieron cabida poetas de las más diversas condiciones y tendencias.

☞ Representan el triunfo de la literatura castellana sobre la gallega.

Cancionero de Baena

- ➩ Su recopilador fue Juan Alfonso de Baena, escribano de Juan II de Castilla, al que fue dedicado en 1445.
- ➩ Colección de casi 600 composiciones líricas pertenecientes a cincuenta y seis autores.
- ➩ Importante por su contenido poético y también por sus informaciones políticas y literarias, de gran utilidad para reconstruir el medio histórico de la época.
- ➩ Los poetas que incluye pueden dividirse en dos grupos principales: los pertenecientes al reinado de Juan I (1379-90) y los de finales del siglo XIV.
- ➩ Sus **AUTORES** pueden agruparse en dos escuelas:

☞ Galaico-provenzal:
- Alfonso Álvarez de Villasandino
- Ferrán Sánchez Calavera.

☞ Alegórico-dantescas:
- Francisco Imperial.
- Alfonso de Baima.
- Ferrán Manuel de Lando.

Cancionero de Stúñiga

- Cancionero castellano cuyo nombre lo toma del primer poeta que se halla en él, Lope de Stúñiga.
- Representa el espíritu literario y los gustos poéticos del reinado de Alfonso V el Magnánimo.
- En general predominan en él los poemas líricos populares.

4. ESCRITORES DEL SIGLO XV

MARQUÉS DE SANTILLANA
Íñigo López de Mendoza
(Carrión de los Condes, 1398-Guadalajara, 1458)

☞ Uno de los principales exponentes de la Literatura española del siglo XV.

☞ Hombre de armas y letras, humanista y poeta, es la figura máxima de la literatura de la corte de Juan II. Gran conocedor de las literaturas italiana, provenzal y francesa.

☞ Tomó parte muy destacada en las guerras nobiliarias de su época.

OBRAS:

- Poéticas:
  - *Serranillas.*
  - *La comedieta de Ponza.* Una de sus obras más célebres, escrita en verso de arte mayor y con una notable influencia de Dante.
  - *Canciones y decires.*
  - *Infierno de los enamorados.*

➪ Prosa:

– *Carta-prohemio al condestable don Pedro de Portugal.*

– *Refranes que dicen las viejas tras el fuego.*

JUAN DE MENA

(Córdoba, 1411-Torrelaguna, 1456)

☞ Uno de los eruditos y latinistas más notables de su tiempo. Imitador de Dante.

☞ Contribuyó a la riqueza y flexibilidad de nuestro idioma con la creación de vocablos nuevos y por medio de la adaptación de la frase castellana a la sintaxis latina.

OBRAS

➪ Versos:

– *El Laberinto de Fortuna* o *Las Trescientas.*

– *La coronación.*

➪ Prosa:

– *Omero romançado.*

El Laberinto de Fortuna

➪ Compuesto de 297 coplas de arte mayor, es una visión alegórica del mundo.

➪ Confirmó a Mena como maestro del arte mayor y ejerció gran influencia sobre sus contemporáneos y en la poesía posterior, hasta el siglo XVI.

ARGUMENTO: El poeta, arrebatado por el carro de la diosa Belona, es trasladado al palacio de la Fortuna.

Contempla allí la *máquina mundana* y en ella tres ruedas, dos inmóviles que representan el pasado y el porvenir, y la tercera, en movimiento, que simboliza el presente. Cada rueda consta de siete círculos influidos por los siete planetas, en los que va colocando el autor los más diversos personajes.

El poeta intenta examinar la rueda del porvenir, pero se lo impide la Fortuna, al desaparecer de su lado.

JORGE MANRIQUE

(Paredes de Nava, 1440?-Toledo, 1478)

☞ De su padre y de su tío Gómez Manrique heredó su doble afición por las armas y por las letras.

☞ Tomó parte en las luchas civiles de la época a favor de don Alfonso, herman de Enrique IV, y de Isabel.

☞ Se conservan de él unas cincuenta composiciones al gusto trovadoresco y cor tesano de la época.

Destaca como autor de una de las joyas de la lírica castellana: *Coplas a la muerte de su padre.*

Coplas a la muerte de su padre

- Consta de 43 coplas de pie quebrado o manriqueñas.
- El pensamiento básico es la brevedad de la vida, la fragilidad de las cosas humanas, la igualdad ante la muerte, el valor, la virtud, etc.
- Expresa después el hondo afecto que profesaba a su padre, don Rodrigo Manrique, a quien elogia como modelo de caballero cristiano.
- Finalmente presenta la muerte como algo inevitable. Sin embargo, el hombre puede dejar aún en este mundo una huella de sí mismo, la fama de sus hechos.
- El lenguaje en que están escritas es puro y fluido y la versificación, armoniosa y expresiva.

GÓMEZ MANRIQUE
(Amusco, 1412-Toledo, 1490)

☞ Hombre de armas y letras, aunque se estimaba a sí mismo más como soldado

☞ Fue notable poeta.

Entre sus **OBRAS** destaca el *Cancionero,* que consta de 108 composiciones de muy variados asuntos, entre las cuales destaca la elegía dedicada al marqués de Santillana.

JUAN DEL ENCINA
(Encina, 1468-León, 1529)

☞ Llamado el *patriarca del teatro español,* ya que fue el iniciador del poema dramático castellano.

☞ Destacó como músico, poeta y autor dramático. De sus composiciones poéticas, lo más estimable son sus villancicos y sus glosas, breves y de sabor popular, realzadas por la música que él mismo compuso.

☞ Estudió en la universidad de Salamanca y viajó por Italia y Tierra Santa.

OBRAS:

- De ambiente salmantino:
  - *Autos de Navidad* y de la *Pasión.*
  - *Auto del Repelón.*
  - *Égloga de Mingo, Gil y Pascuala.*
- De ambiente romano:
  - *Égloga de Plácida y Victoriano.*
  - *Cristino y Febea.*

LUCAS FERNÁNDEZ

(Salamanca, 1474-íd., 1542)

☞ Su nombre ha pasado a la posteridad por las *Farsas y églogas al modo y estilo pastoril y castellano,* que incluye seis piezas dramáticas, tres de asunto profano, tres de asunto religioso y el *Auto de la pasión.*

ARCIPRESTE DE TALAVERA
Alfonso Martínez de Toledo

(Toledo, 1398-1470)

☞ Representante destacado de la novela satírica.

☞ Por primera vez incorpora a la lengua escrita una serie de locuciones, refranes y sentencias empleadas hasta el momento solamente en el habla coloquial.

OBRAS:

- *Vida de san Isidoro* y *Vida de san Ildefonso* (de carácter histórico).
- *El Corbacho* o *Reprobación del amor mundano es su obra maestra.* Consta de cuatro partes. En ellas se aprecia un doble carácter, uno moralizador y otro costumbrista.

DIEGO DE SAN PEDRO
(Siglo XV)

Autor de la novela sentimental *Cárcel de amor,* escrita en forma epistolar. Una de las obras más leídas de su época, en ella se trata de las vicisitudes que pasa Leriano para lograr al mano de su amada después de haberla librado de la muerte. Termina trágicamente con el relato del lento suicidio de Leriano que se bebe en una copa las cartas de su amada después de haberlas hecho pedazos.

ELIO ANTONIO DE NEBRIJA
(Nebrija, 1441-Alcalá de Henares, 1522)

☞ Humanista, introductor de la ciencia filológica en España.

Entre sus **OBRAS** destaca la *Gramática castellana,* editada en 1492. Es la primera gramática escrita en lengua romance.

FERNANDO DE ROJAS
(La Puebla de Montalbán, 1475-Talavera de la Reina, 1541)

☞ Era converso de origen judío.

☞ Estudió leyes en Salamanca.

Autor parcial o total de la *Tragicomedia de Calisto y Melibea,* más conocida como *La Celestina.*

La Celestina

- Representa la más perfecta fusión del mundo medieval con el renacentista, del realismo con el idealismo, del habla popular con el estilo culto. Es la creación más importante y representativa del siglo XV y de la literatura española si descontamos *El Quijote.*
- En 1499 se publica en Burgos.
- Se puede tipificar como novela dialogada o novela dramática para ser leída.
- La acción de la obra está dividida en tres partes:

– Encuentro entre Calisto y Melibea. Declaración amorosa de Calisto y rechazo de Melibea.
– Intervención de la Celestina, anciana inteligente y casamentera, para seducir a Melibea. Consigue la primera cita de los amantes. Muerte violenta de Celestina y los criados Pármeno y Sempronio.
– El goce y la muerte trágica de Calisto y Melibea

HERNANDO DEL PULGAR

(Toledo, 1436-¿?, 1493)

☞ Político y escritor notable.

☞ Fue consejero de Isabel la Católica y entre otros cargos ocupó el de secretario cronista.

OBRAS:

– *Crónica de los Reyes Católicos,* en la que imita a los clásicos y a otros historiadores antiguos.
– *Los claros varones de Castilla,* su obra más importante. Colección de biografías de personajes famosos de la corte de Enrique IV.

Siglo XVI.
El Renacimiento

SIGLO XVI

EL RENACIMIENTO:

- Movimiento literario, científico y filosófico que se produjo en toda Europa desde la segunda mitad del siglo XIV hasta las postrimerías del siglo XVI.

⇓

CARACTERÍSTICAS:

- Retorno al estudio de la cultura clásica grecolatina. Imitación de sus formas artísticas.
- Retorno a las ideas paganas (en España no tuvo este carácter paganizante).

LITERATURA EUROPEA

PAÍS		POESÍA	PROSA	TEATRO	OTROS GÉNEROS
ESPAÑA	ÉPOCA DE CARLOS V	Juan Boscán Garcilaso de la Vega Cristóbal de Castillejo Gutierre de Cetina Diego Hurtado de Mendoza	Juan Luis Vives	Gil Vicente Bartolomé Torres Naharro	Fray Antonio de Guevara
	ÉPOCA DE FELIPE II	Fernando de la Herrera Fray Luis de León San Juan de la Cruz	PICARESCA: *Lazarillo de Tormes* Mateo Alemán PASTORIL: Jorge Montemayor MORISCA: *El abencerraje* PLENITUD DE LA NOVELA: Miguel de Cervantes: *El Quijote*	Lope de Rueda Juan de la Cueva	Fray Luis de Granada Santa Teresa de Jesús
ITALIA		Ludovico Ariosto Torquato Tasso Pietro Arentino	Nicolás Maquiavelo Baltasar de Castiglione		Lorenzo el Magnífico Angelo Policiano Lorenzo Valla Pico della Mirandola
FRANCIA		"LA PLÉYADE": Pierre de Ronsard Joachim du Bellay	François Rabelais Michel de Montaigne		
INGLATERRA		Edmund Spenser	Tomás Moro Francis Bacon	William Shakespeare	
ALEMANIA		Hans Sachs	Erasmo de Rotterdam Martín Lutero		
PORTUGAL		Francisco Sá de Miranda Bernardim Ribeiro Luis de Camões		Gil Vicente	

EL PRIMER RENACIMIENTO EN ESPAÑA: ÉPOCA DE CARLOS V

POESÍA

ITALIANIZANTE	TRADICIONALISTA	ECLÉCTICA
Juan Boscán Garcilaso de la Vega Gutierre de Cetina	Cristóbal de Castillejo	Diego Hurtado de Mendoza

TEATRO

PRIMERA MITAD DEL SIGLO XVI	SEGUNDA MITAD DEL SIGLO XVI
Bartolomé Torres Naharro Gil Vicente	Lope de Rueda Juan de la Cueva

PROSA

NARRATIVA			DIDÁCTICA
Novela pastoril	Novela morisca	Novela picaresca	
Jorge de Montemayor	*La historia del Abencerraje y de la hermosa Jarifa*	*Lazarillo de Tormes*	Fray Antonio de Guevara

EL SEGUNDO RENACIMIENTO EN ESPAÑA: ÉPOCA DE FELIPE II

POESÍA

ESCUELA SALMANTINA	ESCUELA SEVILLANA
Fray Luis de León	Fernando de Herrera

MÍSTICA

PRIMER PERÍODO (INICIACIÓN)	SEGUNDO PERÍODO (PLENITUD)
Fray Luis de Granada San Juan de la Cruz	Santa Teresa de Jesús

NOVELA PICARESCA

Mateo Alemán: *Guzmán de Alfarache*

1. EL RENACIMIENTO EN ESPAÑA

1.1. POESÍA

JUAN BOSCÁN
(Barcelona, 1492-íd., 1542)

☞ Es el introductor de la métrica italiana en la literatura española.

☞ Fue por su educación y por su obra un humanista.

📚 Su obra se encuentra en *Las obras de Boscán y algunas de Garcilaso de la Vega repartidas en cuatro libros,* publicadas por su mujer tras su muerte.

- El primer libro contiene las obras escritas a la manera tradicional.
- El segundo su producción italianizante.
- El tercer libro contiene *La epístola a Mendoza* y *La historia de Hero y Leandro.*
- El cuarto libro incluye la obra de Garcilaso.

GARCILASO DE LA VEGA
(Toledo, 1503-Niza, 1536)

☞ El poeta más brillante del primer Renacimiento.

☞ Perfecciona definitivamente la métrica italiana introducida por su amigo Boscán.

☞ En la poesía de Garcilaso no suele darse la retórica ni la afectación. Su estilo es claro y expresivo. Su influencia ha sido grande y llega a nuestros días.

📚 La producción poética de Garcilaso comprende: églogas, elegías, canciones y sonetos. La más popular de sus canciones es *Oda a la flor de Gnido.*

☞ El tema central de sus obras lo constituye el amor platónico que sintió por doña Isabel Freyre.

CRISTÓBAL DE CASTILLEJO
(Ciudad Rodrigo, 1490-Viena, 1550)

☞ Uno de los poetas que no aceptaron abiertamente las innovaciones métricas del Renacimiento. Pese al esencial carácter tradicional de toda su producción no deja de absorber también innumerables elementos del espíritu renacentista.

OBRAS:

- *Sermón de amores,* en la que trata con extraordinaria libertad la vida en los conventos.
- *Diálogo de las condiciones de las mujeres,* sátiras antifeministas.
- *Diálogo de la memoria y el olvido,* de tipo filosófico-moral.

DIEGO HURTADO DE MENDOZA
(Granada, 1503-Madrid, 1575)

☞ Sus poesías obedecen a un influjo clásido e italiano, y otras son de inspiración nacional no sólo por sus metros (quintillas, redondillas), sino por sus asuntos.

OBRAS:

- *La guerra de Granada,* de carácter histórico.
- *Diálogo entre Caronte y el alma de Pedro Luis de Farnesio,* de fondo satírico y erasmista.
- *Fábula de Adonis.*
- *Hipómenes y Atalanta,* de influencia garcilasista.
- *A la primavera.*

GUTIERRE DE CETINA
(Sevilla, 1520-México, 1557)

☞ Su nota más personal la dio en los madrigales, en los que superó a todos los poetas de su tiempo. Es particularmente famoso el que comienza: «Ojos claros, serenos...».

Escribió, además, sonetos perfectos, en su mayor parte de asunto amoroso.

Son notables sus canciones por la fluidez de sus versos y la belleza de sus pensamientos.

FERNANDO DE HERRERA
(Sevilla, 1534-íd., 1597)

☞ La poesía de Herrera se caracteriza por la abundancia de los epítetos e imágenes.

☞ Es de gran musicalidad y colorido.

☞ En algunos de sus versos parece sentirse el estilo de la poesía culterana.

☞ Poeta de espíritu crítico y con grandes conocimientos humanísticos.

OBRAS:

⇨ Canciones:

- *A la victoria de Lepanto,* de tema bíblico.
- *A la pérdida del rey don Sebastián,* canción elegíaca con elementos bíblicos.
- *A don Juan de Austria,* vencedor de los moriscos alpujarreños.

⇨ Odas y sonetos.

FRAY LUIS DE LEÓN

(Belmonte, 1527-Madrigal de las Altas Torres, 1591)

☞ Es la figura más completa del hombre del segundo Renacimiento y el príncipe de la lírica española.

☞ Su obra se centró en la explicación del significado alegórico y moral de la Biblia.

☞ Está considerado como uno de los filósofos más sobresalientes de su época.

OBRAS:

⇨ Prosa:

- *De los nombres de Cristo,* comentarios sobre las diversas designaciones dadas a Cristo en la Biblia.
- *La perfecta casada,* trata de los deberes de la mujer casada.
- *Cantar de los cantares,* traducción y comentarios.
- *La exposición del libro de Job,* traducción y comentarios (obra inconclusa).

⇨ Verso:

- *Traducciones de la Biblia,* unos siete salmos.
- *Traducciones de poetas clásicos,* Píndaro, Horacio, Virgilio...
- *Poesías originales,* a imitación horaciana.

SAN JUAN DE LA CRUZ

(Fontíveros, 1542-Úbeda, 1591)

☞ En san Juan de la Cruz la prosa y la poesía están íntimamente unidas. La prosa es el comentario de su mística poética.

☞ Fue discípulo predilecto de santa Teresa de Jesús.

☞ Es un místico empírico y especulativo a la vez. A él se debe la sistematización de la doctrina mística con gran claridad, precisión y profundidad teológica.

OBRAS:

– *Noche oscura del alma.*

– *Cántico espiritual,* inspirado en el *Cantar de los cantares.*

– *Llama de amor viva.*

Además de romances y glosas, que entroncan con la poesía popular de la época y dos poemas de exquisita belleza: *El poema del pastorcico* y *El cantar del alma que se huelga de conocer a Dios.*

1.2. LA ASCÉTICA Y LA MÍSTICA

☞ Uno de los aspectos de mayor interés en las letras españolas del siglo XVI lo constituye la literatura ascética y mística, escrita indistintamente en prosa y verso.

LA ASCÉTICA

- La palabra ascética proviene del griego *(askesis),* ejercicio. Trata de los ejercicios que ha de hacer el hombre para acercarse a Dios.
- Se alcanza por tres vías:
  – La purgativa: el alma se purifica mediante la penitencia.
  – La iluminativa: empieza a gozarse de la presencia de Dios.
  – La unitiva: unión habitual del alma con el creador.

LA MÍSTICA

- Es, en cambio, el don gratuito que Dios concede a algunas almas al fundirse con ellas e inundarlas de amor; sus manifestaciones son el éxtasis, las visiones y las revelaciones.

FRAY LUIS DE GRANADA
(Granada, 1504-Lisboa, 1588)

☞ Fue considerado uno de los mayores oradores de su tiempo.

☞ Su obra destaca por lo vivo y lo original de su lenguaje y por el sugerente poder de sus metáforas. Dotó con ello al idioma de nuevos recursos expresivos.

Escritor ascético, destacan entre sus **OBRAS**: la *Guía de pecadores,* libro ascético por excelencia, tratado sobre las virtudes cristianas. *El Libro de la oración y la meditación* consta de catorce meditaciones sobre diferentes temas. *Introducción al Símbolo de la Fe* es a la vez la obra maestra y la más extensa, es un canto a la belleza de las cosas creadas y a las excelencias de la fe.

SANTA TERESA DE JESÚS
(Gotarrendura, Ávila, 1515-Alba de Tormes, 1582)

☞ Su nombre era Teresa de Cepeda y Ahumada. Es una de las más representativas figuras del misticismo español.

☞ Creó la orden de las Carmelitas descalzas. Alternó su actividad fundadora con una labor literaria excepcional.

☞ Escribió con un estilo llano y espontáneo. Utiliza con notable abundancia los diminutivos, que son parte esencial de la expresividad, gracia y delicadeza de su prosa. Son excepcionales las expresiones de tipo culto. Las poesías de santa Teresa son inferiores a su prosa.

OBRAS:

- Históricas:
  - *Libro de su vida.*
  - *Libro de las fundaciones.*
- Místicas:
  - *Camino de perfección,* expone los medios para lograrla.
  - *Las moradas,* metáfora de la vida ascética-mística del alma.
- Poéticas:
  - Villancicos, *Este niño viene llorando.*
  - Glosas, *Vivo sin vivir en mí.*

1.3. TEATRO

GIL VICENTE
(¿Lisboa?, 1465-Évora, 1536)

☞ Aunque nacido en Portugal, se le incluye dentro de la literatura española por haber compuesto muchas obras en castellano.

☞ Autor dramático, su teatro participa de las reminiscencias del teatro medieval y de las tendencias renacentistas.

☞ La nota distintiva de su teatro es el hondo lirismo que representa.

OBRAS:

- *Auto pastoril.*
- *Auto de los cuatro tiempos,* que se relaciona con el ciclo de Navidad.
- *La trilogía de las barcas,* es su obra más ambiciosa.

BARTOLOMÉ DE TORRES NAHARRO
(Torre de San Miguel, Sesmero, 1480-¿?, 1531)

☞ Es el autor que le da a la comedia un aspecto definido.

Aparte de algunas poesías, profanas y religiosas, escribió ocho comedias que reunió en volumen titulado *Propalladia.* El breve «Prohemio» que le antecede constituye la primera preceptiva dramática de la literatura española.

LOPE DE RUEDA
(Sevilla, 1510-Córdoba, 1565)

☞ Su persona y su producción han sido siempre estimadas como jalones esenciales en las historia de nuestro teatro.

☞ Las comedias de Rueda representan el triunfo de la influencia italiana en el teatro español de la época.

☞ Supo mejor que sus contemporáneos crear obras adaptadas al pueblo.

OBRAS:

- Comedias: *Eufemia, Armelina, Los engañados.*
- Pasos: *Las aceitunas, La carátula,* que constituyen la producción más popular.
- Coloquios: *Prendas de amor, Diálogo de las calzas,* que tiene cierto parecido a los pasos.

JUAN DE LA CUEVA
(Sevilla, 1543-íd., 1610)

☞ Es el autor cuya dramaturgia más se acerca el teatro de Lope de Vega.

☞ Sus obras se distinguen por su gran acción y la variedad de estilo en una misma escena.

📚 Es el primer autor que llevó a la escena obras de asunto histórico-nacional: *Los siete infantes de Lara, La muerte del rey don Sancho...*

📚 *La comedia del Infamador,* se considera el precedente de *Don Juan Tenorio.*

1.4. PROSA

FRAY ANTONIO DE GUEVARA
(Treceño, 1480-Valladolid, 1545)

☞ Su prosa ha sido considerada como un anticipo del barroquismo.

☞ Es un prosista pintoresco y de brillante estilo, lleno de vida y de color.

📚 Tres son las **OBRAS** más importantes de Guevara:

- *El Relox de príncipes,* obra didáctico-moral escrita en forma de novela histórica.
- *Menosprecio de corte y alabanza de aldea,* donde destaca las ventajas de la vida retirada sobre la palaciega
- *Epístolas familiares,* dirigidas a personajes notables. Son de variados asuntos.

1.5. LA NOVELA PICARESCA

☞ Es un género genuinamente español que surge como una reacción contra los libros de caballerías y las novelas pastoriles.

☞ La novela picaresca recoge las experiencias de un pícaro, antihéroe que intenta sobrevivir y medrar socialmente.

☞ Destacan en ella tres notas peculiares:

- Su fondo realista.
- Su forma autobiográfica.
- Su carácter satírico.

En la novela picaresca se aprecian dos épocas caracterizadas por sendas obras:

- El *Lazarillo de Tormes,* anónimo.
- *Guzmán de Alfarache,* de Mateo Alemán.

El *Lazarillo de Tormes*

- Mediado el siglo XVI se publica la primera gran novela española: es la titulada *La vida de Lazarillo de Tormes y de sus fortunas y adversidades.* Con ella se inaugura en nuestras letras un nuevo género novelesco, el de la novela picaresca, sin precedentes, y de fecundas consecuencias posteriores.
- Se desconoce la fecha exacta de la publicación y quién fue su autor.
- El estilo en el que está escrito la novela es sobrio, pero a un tiempo chispeante y vivo. Su lenguaje es llano y popular.
- El Lazarillo es una de las figuras más populares de la literatura española. El tono de sátira es más irónico que amargo.

La novela está escrita en forma autobiográfica. Lázaro, tras perder a su padre, sirve sucesivamente a un ciego astuto y miserable, a un clérigo avaro, a un escudero pobre y hambriento, a un fraile de la Merced, a un buldero farsante y a un alguacil. Acaba casándose con la criada del Arcipreste de Toledo, pero su matrimonio tampoco será honorable.

MATEO ALEMÁN
(Sevilla, 1547-México, 1614)

Su **OBRA** principal es el *Guzmán de Alfarache.* Narra en ella las hazañas del pícaro Guzmán, sujeto sin escrúpulos y autor, y a veces víctima, de numerosos engaños y fraudes. Con esta novela la picaresca se orienta hacia la sátira social más despiadada. El lenguaje claro y la rica experiencia del autor produjeron esta obra maestra de la literatura picaresca española.

1.6. LA NOVELA PASTORIL

☞ Al mismo tiempo que la poesía bucólica surgió la novela pastoril, cuyo asunto se refiere a la vida y amores de los pastores. Género dulzón y artificioso que tiene sus orígenes en la *Arcadia* del italiano Jacopo Sannazaro, muy imitado en toda Europa.

JORGE DE MONTEMAYOR
(Montemor-o-Velho, 1520-Piamonte, 1561)

☞ Es uno de los autores más representativos de la novela pastoril.

☞ Como poeta mantuvo una posición ecléctica entre la tradición española y la escuela italianizante.

📚 Publicó en Valencia *Los siete libros de la Diana,* obra maestra y la más antigua del género pastoril en nuestra literatura. Escrita en prosa elegante y de exquisita musicalidad y en verso, ejerció un gran influjo en Europa.

1.7. LA NOVELA MORISCA

☞ La temática fronteriza de los romances viejos se transformó en el siglo XVI en temática morisca, constituida por la idealización de las relaciones entre moros y cristianos durante la guerra de Granada.

☞ Estos temas se desarrollaron en romances (algunos de Lope y Góngora serán obras maestras) y también en novelas.

La historia del Abencerraje y de la hermosa Jarifa

➪ Novela morisca de autor anónimo publicada a mediados del siglo XVI.

➪ Es una novela corta narrada con encantadora sencillez, delicadeza y naturalidad. Prolongó su influjo y popularidad hasta los días del Romanticismo.

▤ El asunto consiste en un caballeresco episodio de amor protagonizado por Abindarráez, moro notable de Granada. Tras ser apresado por Rodrigo Narváez, alcalde de Antequera, éste le deja marchar para casarse con su enamorada Jarifa bajo palabra de volver. Finalmente, conmovido por el amor de ambos, Narváez los deja en libertad.

1.8. LA PLENITUD DE LA NOVELA

MIGUEL DE CERVANTES SAAVEDRA

(Alcalá de Henares, 1547-Madrid, 1616)

☞ Uno de los mayores valores de la literatura universal, conocido también como el «príncipe de los ingenios» y el «manco de Lepanto». En él concurren todos los géneros novelescos que en este siglo se cultivan, superados, engrandecidos, por el aliento genial que les comunicó.

OBRAS DE CERVANTES	**POESÍA**	**POEMAS**	*Epístola a Mateo Vázquez.* *Viaje del Parnaso.* *El canto de Calíope.*
		SONETOS	*Al túmulo de Felipe II en Sevilla.* *Vive Dios que me espanta esta grandeza.* *Cuando Preciosa el panderete toca.* *Más sesgo, viento largo, estrella clara.*
		ROMANCES	«Gitanica que de hermosa...». «Escuchadme los de Orán...».
	TEATRO	**TRAGEDIAS**	*La destrucción de Numancia.*
		COMEDIAS	*Los tratos de Argel.* *Los baños de Argel.* *La gran sultana.* *El gallardo español.*
		ENTREMESES	*El retablo de las maravillas.* *La guarda cuidadosa.* *La cueva de Salamanca.* *El juez de los divorcios.* *La elección de los alcaldes de Daganzo.*
	NOVELA	**EJEMPLARES**	*La gitanilla.* *El amante liberal.* *Rinconete y Cortadillo.* *La española inglesa.* *El licenciado Vidriera.* *La fuerza de la sangre.* *El celoso extremeño.* *La ilustre fregona.* *Las dos doncellas.* *La señora Cornelia.* *El casamiento engañoso.* *El coloquio de los perros.*
		DE CABALLERÍA	*Don Quijote de la Mancha.*
		ÚLTIMA OBRA	*Trabajos de Persiles y Segismunda.*

ARGUMENTO

- Se organiza en torno a tres salidas o aventuras: dos en la primera parte y una en la segunda. Cada una de ellas tiene un movimiento circular: partida, aventuras, vuelta a casa.

- El hidalgo manchego don Alonso de Quijano, se vuelve loco después de leer gran cantidad de libros de caballerías. A lomos de Rocinante y acompañado de su escudero Sancho Panza, decide salir de su aldea, después de cambiar su nombre por el del Don Quijote, con el único objetivo de ayudar al débil y al menesteroso. Tiene idea de convertirse en caballero andante como el Amadís de Gaula y alcanzar el amor de Dulcinea del Toboso, moza de un lugar próximo, la cual aparece idealizada por Don Quijote.

LENGUA Y ESTILO

- Cervantes se identifica y defiende un estilo sin afectación y un habla llana.
- Sus personajes se expresan según la clase social a la que pertenecen.
- Destaca el uso que Sancho hace de los refranes y sentencias características del sentir popular.

EL INGENIOSO HIDALGO DON QUIJOTE DE LA MANCHA

- Nace esta novela como una parodia de los libros de caballería.
- 1605 – Se publica en Madrid la primera parte. Está dedicada al duque de Béjar.
- 1615 – Aparece la segunda parte, también publicada en Madrid.
- Está traducido a todos los idiomas del mundo.

PERSONAJES PRINCIPALES

DON QUIJOTE	SANCHO PANZA
➪ Representa el idealismo. ➪ En él alternan los disparates caballerescos y la reflexión sensata. ➪ Su deseo es establecer la justicia en el mundo y ayudar a los necesitados. ➪ Enamorado platónicamente de Dulcinea del Toboso. ➪ Termina recuperando la razón.	➪ Representa el realismo. ➪ Representa la antítesis de su señor en lo físico y en lo moral. ➪ Rasgos negativos de su carácter: cobarde, glotón, avariento. Rasgos positivos: de hombre justo, sensato y honrado.

FIGURAS SECUNDARIAS

- Representantes de grupos y actitudes sociales.
- Los retratos que hace de ellos son realistas:
  - Dulcinea de Toboso, la dama de sus pensamientos.
  - El Ama y su sobrina.
  - El bachiller Sansón Carrasco.
  - El barbero.
  - El cura, Pero López.
  - Maritornes, la moza fea y zafia.
  - Teresa Panza.

☞ Escritor especialmente realista, su intensa vida andariega, las variadas gentes que conoce, los diversos ambientes, fueron la base de sus grandes obras. Cervantes cultivó todos los géneros literarios: la poesía, el teatro y la novela.

☞ Su labor poética es muy amplia y variada; intercala continuamente versos propios en todas sus novelas.

☞ Como autor dramático ensayó diversos géneros y en todos ellos nos dejó obras del mayor interés. Puede considerársele como una de las grandes figuras universales y la mayor gloria literaria de España.

☞ Cervantes alcanza inconmensurable altura en el género narrativo, hasta el punto de ser considerado el creador de la novela moderna. Ensayó todos los tipos de narración cultivados hasta entonces, logrando transfigurarlos y superarlos.

2. EL RENACIMIENTO EN ITALIA

☞ **ÉPICA RENACENTISTA:**
- Ludovico Ariosto.
- Torquato Tasso.

☞ **POESÍA LÍRICA:**
- Pietro Aretino.

☞ **PROSA DIDÁCTICA:**
- Nicolás Maquiavelo.
- Baltasar de Castiglione.

☞ **HUMANISTAS**:
- Lorenzo el Magnífico.
- Angelo Poliziano.
- Lorenzo Valla.
- Pico della Mirandola.

LUDOVICO ARIOSTO
(Reggio Emilia, 1474-Ferrara, 1533)

☞ Poeta de fecunda inspiración y rica fantasía. Compuso canciones, sonetos madrigales y algunas piezas dramáticas.

📚 Pero su **OBRA** maestra es el poema *Orlando furioso,* que pretende representar el ideal caballeresco de la Edad Media.

TORQUATO TASSO
(Sorrento, 1544-Roma, 1595)

☞ Empezó su obra poética a muy temprana edad.

📚 Su **OBRA** más representativa y famosa es: *La Jerusalem libertada,* poema caballeresco sobre la primera Cruzada.

PIETRO DE ARETINO
(Arezzo, 1492-Venecia, 1556)

☞ Conocido con el sobrenombre de «Azote de los príncipes» por sus sátiras elegantes.

📚 Su **OBRA** principal es *Razonamientos,* publicada en 1534.

NICOLÁS MAQUIAVELO
(Florencia, 1469-íd., 1527)

☞ Escritor que cultivó el género didáctico.

☞ Fue proscrito por los Médicis, contra los cuales había conspirado.

📚 Escribe en el destierro la **OBRA** *El príncipe,* obra decisiva en toda la filosofía política posterior. Según Maquiavelo, el príncipe puede usar todos los medios, por perversos que sean, para mantener su autoridad.

BALTASAR DE CASTIGLIONE
(Casatico, 1478-Toledo, 1529)

📚 Autor de un **TRATADO** didáctico titulado *El cortesano,* traducido al español por Boscán. Escrito con un estilo muy cuidado, nos presenta el tipo ideal de caballero renacentista: hombre de armas y letras a la vez. Novela muy leída en su tiempo.

LORENZO EL MAGNÍFICO
(Florencia, 1449-Careggi, 1492)

☞ Humanista. Mecenas de artistas y poetas. Él mismo cultivó con acierto la poesía.

📚 **OBRAS** representativas: *Selvas de amor, Corinto.*

ANGELO POLIZIANO
(Montepulciano, 1454-Florencia, 1494)

☞ Humanista, traductor de *La Ilíada* al latín y magistral poeta.

📚 **OBRAS**: *Stanza* en octavas reales y numerosos sonetos y canciones.

LORENZO VALLA
(Roma, 1405-íd., 1457)

☞ Filólogo, crítico e historiador italiano. Es célebre su tratado *La donación de Constantino.*

📚 Combate a los escolásticos en su **OBRA** *Del libre albedrío.*

PICO DELLA MIRANDOLA
(Castillo de la Mirandola, 1463-Florencia, 1494)

☞ Filósofo y humanista. Gran erudito. Algunas de sus tesis, consideradas heterodoxas.

📚 Escribió *De la dignidad del hombre.*

3. EL RENACIMIENTO EN FRANCIA

☞ **LA POESÍA:**
- LA PLÉYADE:
  - Pierre de Ronsard.
  - Joachim du Bellay.

☞ **LA PROSA:**
- LA NOVELA:
  - François Rabelais.
- LOS MORALISTAS:
  - Michel Eyquem de Montaigne.

La Pléyade

➪ Surge a mediados del siglo XVI en Francia. Es un movimiento poético formado por siete poetas entre los que destaca Pierre de Ronsard.

➪ **CARACTERÍSTICAS** de este movimiento:

– Profundo desdén por las literaturas precedentes.
– Admiración hacia la literatura clásica (griega, latina).
– Retorno a los temas mitológicos.
– Perfección y musicalidad en los versos.

PIERRE DE RONSARD

(Castillo de la Possonnière, 1525-Saint-Cosme-en-l'isle, 1585)

☞ Es el poeta más importante de La Pléyade. Conocido como el «príncipe de los poetas franceses».

☞ Imitador de los modelos grecolatinos.

☞ Mantenía la idea de la poesía como inspiración divina.

OBRAS: *Casandra, María y Elena, La franciada* (extenso poema épico, donde se exaltaba la historia francesa).

JOACHIM DU BELLAY

(Castillo de la Turmelière, 1525-París, 1560)

☞ Buen conocedor de la cultura clásica.

☞ Teórico del nuevo movimiento poético «La Pléyade».

Su obra *Defensa de la lengua francesa* refleja las doctrinas poéticas que difundió.

Sus mejores producciones están contenidas en *Las antigüedades de Roma* y *Los lamentos*.

FRANÇOIS RABELAIS

(La Devinière, 1495-París, 1553)

☞ Es el primer prosista del Renacimiento francés.

☞ Según él, la reforma de la educación debía estar basada en el conocimiento de las culturas clásicas, la musulmana, la hebrea, en la ciencia, en la tolerancia y en la alegría de vivir.

📚 Sus sátiras contra las instituciones medievales están reflejadas en su novela *Gargantúa y Pantagruel.* Fue una obra muy leída en su tiempo y muy criticada por su desenfado y sátira mordaz contra las instituciones sociales.

MICHEL EYQUEM DE MONTAIGNE
(Castillo de Montaigne, Perigord, 1523-íd., 1592)

☞ Sus escritos ejercieron gran influencia dentro y fuera de Francia.

☞ Su obra refleja con vigor y claridad los caracteres del subjetivismo y del humanismo renacentista del siglo XVI.

📚 En su obra maestra, *Los Ensayos,* escritos en prosa, expone sus ideas morales. Fueron condenadas por la Iglesia.

4. EL RENACIMIENTO EN INGLATERRA

☞ **LA POESÍA**: Edmund Spenser.
☞ **EL TEATRO**: William Shakespeare.
☞ **LA FILOSOFÍA**: Francis Bacon.

EDMUND SPENSER
(Londres, 1552-íd., 1599)

☞ Su perfección métrica y la elegancia de su poesía le hace ser figura clave en la literatura inglesa.

📚 Compuso doce églogas al estilo clásico. *El calendario del pastor* y un poema alegórico de tendencia protestante, *La reina de las hadas,* epopeya nacional en la que que ensalza a la reina Isabel.

WILLIAM SHAKESPEARE
(Stratford-on-Avon, 1564-íd., 1616)

☞ Aun cuando parece que fue autodidacto, en sus obras se pone de manifiesto una extensa cultura. Lo variado de su temática, personajes y enfoques revela a un gran observador.

☞ Supo combinar lo trágico con lo cómico, el realismo más crudo con la fantasía.

☞ De su estilo destaca la fuerza y riqueza de la expresión, el manejo extraordinario del lenguaje, la abundancia de imágenes, el ingenio verbal y al utilización magistral del verso blanco libre.

☞ La vida de sus personajes desborda y desmiente el estereotipo, dotándolos de individualidades complejas. Los personajes secundarios tienen gran personalidad componiendo un grupo en el que se conjugan elementos inequívocamente humanos.

Sus **OBRAS** teatrales se clasifican en tres grupos:

- Comedias:
  - *Las alegres comadres de Windsor.*
  - *El sueño de una noche de verano.*
  - *La tempestad.*
  - *El mercader de Venecia.*
- Dramas nacionales:
  - *Enrique IV.*
  - *Ricardo III.*
- Tragedias (personificación de las pasiones humanas):
  - *Romeo y Julieta* (canto al amor).
  - *Macbeth* (la ambición).
  - *Hamlet* (el amor filial).
  - *El rey Lear* (el amor paterno).
  - *Otelo* (los celos).

Hamlet

- Tragedia en cinco actos que William Shakespeare escribió en 1600.
- Alterna el verso y la prosa.
- Mezcla los impulsos psicológicos del protagonista con hechos históricos y culturales. Análisis del comportamiento humano.

El heredero al trono de Dinamarca, el príncipe Hamlet, se encuentra con el fantasma de su padre, quien le dice que ha sido asesinado por su propio hermano, que a su vez desposará a la reina. Su venganza desembocará en muertes y fatalidades.

FRANCIS BACON
(Londres, 1561-íd., 1626)

☞ Combatió la filosofía escolástica y el saber puramente libresco. Proyectó un Estado utópico, científicamente organizado, *Nova Atlantis.* Es uno de los fundadores del método experimental.

☞ Sin ser propiamente científico, sus ideas ejercieron considerable influjo en el desarrollo posterior de la ciencia.

5. EL RENACIMIENTO EN ALEMANIA

☞ **POESÍA**: Hans Sachs

☞ **HUMANISMO**:
- Erasmo de Rotterdam.
- Martín Lutero.

HANS SACHS
(Nuremberg, 1494-íd., 1576)

☞ A diferencia de las demás naciones europeas, en Alemania la poesía del siglo XVI no sigue las corrientes italianizantes, sino las de la poesía medieval. El poeta más destacado fue Hans Sachs *(Farsas de carnaval, El estudiante errante).*

☞ En sus más de 6.300 composiciones cultivó diversos géneros: relatos cómicos en verso, canciones, comedias, fábulas, poemas didácticos y piezas teatrales.

ERASMO DE ROTTERDAM
(Rotterdam, 1467-Basilea, 1536)

☞ Gran humanista considerado como el hombre más culto de su época.

☞ Por sus críticas contra las costumbres eclesiásticas, por su libertad y forma racionalista de enfocar las cuestiones y por su traducción del *Nuevo Testamento,* se le acusó de haber preparado la Reforma.

📚 Entre sus numerosas **OBRAS** se encuentran:

- *La educación del príncipe cristiano.* En contra de *El príncipe* de Maquiavelo defiende la superioridad de la moral cristiana sobre la política.
- *Adagios.*
- *Coloquios familiares.*
- *Elogio de la locura.*

☞ Las ideas morales y religiosas de Erasmo penetraron profundamente en ciertos ectores intelectuales españoles, dando lugar al erasmismo español. Ese pensamiento npregna una parte considerable de nuestra literatura.

MARTÍN LUTERO
(Eisleben, 1483-íd., 1546)

☞ Con una traducción de la Biblia al alemán, se le considera el creador de la lenua alemana.

📚 Como poeta compuso himnos religioso, siendo famoso el *Coral*.

6. EL RENACIMIENTO EN PORTUGAL

☞ **POESÍA**:

- Francisco Sá de Miranda.
- Bernardim Ribeiro.

☞ **LA ÉPICA CULTA:**

- Luis de Camões.

FRANCISCO SÁ DE MIRANDA
(Coimbra, 1481-Quinta de Tapada, 1558)

☞ Escribió en portugués y en castellano églogas, canciones y sonetos.

📚 Introdujo en Portugal las mismas innovaciones poéticas que en España Garciaso de la Vega, de quien fue ferviente admirador y a quién lloró en su égloga titulada *'emoroso.*

BERNARDIM RIBEIRO
(Torrão, 1482-Lisboa, 1552)

☞ Novelista y poeta.

📚 En su novela *Menina e moça o Livro das Saudades,* combina elementos sentimentales y pastoriles.

LUIS DE CAMÕES
(Lisboa, 1524-íd., 1580)

☞ Es la figura más destacada de la literatura portuguesa.

📚 Su gran creación es el poema épico *Os Lusiadas,* la epopeya cumbre del Renacimiento. Consta de diez cantos en octavas reales. Tiene por asunto fundamental los viajes marítimos y las conquistas de Portugal. Intercala en ella algunos relatos secundarios, como la infausta muerte de doña Inés de Castro.

SIGLO XVII.
EL BARROCO

LA LITERATURA EUROPEA DEL SIGLO XVII

EL BARROCO:
➩ Movimiento cultural, situado en el siglo XVII, en el que se van complicando las formas que habían distinguido el arte y la cultura europea durante el Renacimiento.

PAÍS	POESÍA	PROSA	TEATRO
ESPAÑA	Luis de Góngora Francisco de Quevedo	Miguel de Cervantes (XVI-XVII) Baltasar Gracián Diego de Saavedra Fajardo	Lope de Vega – Juan Ruiz de Alarcón – Tirso de Molina – Guillén de Castro Pedro Calderón de la Barca – Agustín Moreto – Francisco Rojas Zorrilla
ITALIA	Giambattista Marini Alessandro Tassoni	Galileo Galilei	
FRANCIA	François Malherbe Jean de La Fontaine Pierre Boileau	René Descartes Blaise Pascal	Pierre Corneille Jean Racine Molière
INGLATERRA	John Milton	John Lyly	
PORTUGAL	Francisco Rodrigues Lobo Francisco M. de Melo	Antonio Vieira	

Los autores están colocados en la casilla del género en el que destacaron.

EL BARROCO EN ESPAÑA

ASPECTOS IDEOLÓGICOS	LA LITERATURA	
	ESTILOS REPRESENTATIVOS	
➩ Se mantiene el espíritu de la Contrarreforma. ➩ PUGNA DEL IDEALISMO y EL REALISMO al contrastar la realidad de la decadencia política del país con las grandezas del pasado. ➩ MELANCOLÍA y PESIMISMO satírico ante la contemplación de la decadencia política y moral, de la carencia de un poder fuerte y sano que corrija las arbitrariedades e inmoralidades de los privados.	CULTERANISMO (Góngora)	CONCEPTISMO (Quevedo)
	➩ Se distingue por la complicación de la sintaxis. ➩ Empleo de formas cultas del lenguaje: hipérbaton, imágenes y metáforas, alusiones mitológicas, elementos decorativos y sensoriales para crear una impresión de belleza.	➩ Da más importancia al fondo que a la forma. ➩ Opera especialmente sobre el pensamiento abstracto, para lo cual se sirve de ingeniosas antítesis, paradojas o pensamientos filosóficos.
	CREACIÓN DEL TEATRO NACIONAL	
	(Lope de Vega y Calderón de la Barca)	

<table>
<tr><th colspan="4">LA LITERATURA DEL SIGLO DE ORO EN ESPAÑA</th></tr>
<tr><td rowspan="2">LÍRICA</td><td>DE TENDENCIA CULTERANA</td><td colspan="2">➪ LUIS DE GÓNGORA</td></tr>
<tr><td>DE TENDENCIA CONCEPTISTA</td><td colspan="2">➪ FRANCISCO DE QUEVEDO</td></tr>
<tr><td rowspan="8">PROSA</td><td>ÉPICA CULTA</td><td colspan="2">➪ Lope de Vega: La Gatomaquia</td></tr>
<tr><td>NOVELA PICARESCA</td><td colspan="2">➪ Francisco de Quevedo: El buscón don Pablos</td></tr>
<tr><td>CORTESANA</td><td colspan="2">➪ María de Zayas: Novelas amorosas y ejemplares</td></tr>
<tr><td>ALEGÓRICA</td><td colspan="2">➪ Baltasar Gracián: El Criticón</td></tr>
<tr><td>COSTUMBRISTA</td><td colspan="2">➪ Luis Vélez de Guevara: El diablo cojuelo</td></tr>
<tr><td rowspan="2">DIDÁCTICA</td><td>DOCTRINAL</td><td>➪ Francisco de Quevedo: La cuna y la sepultura
➪ Baltasar Gracián: El héroe, El discreto</td></tr>
<tr><td>POLÍTICA</td><td>➪ Francisco Quevedo: Política de Dios...
➪ Diego de Saavedra Fajardo: Empresas políticas</td></tr>
<tr><td colspan="3"></td></tr>
<tr><td rowspan="2">TEATRO</td><td>CICLO DE LOPE</td><td colspan="2">➪ Lope de Vega: El caballero de Olmedo, Peribáñez y el comendador de Ocaña
➪ Tirso de Molina: El burlador de Sevilla
➪ Guillén de Castro: Las mocedades del Cid
➪ Juan Ruiz de Alarcón: La verdad sospechosa</td></tr>
<tr><td>CICLO DE CALDERÓN</td><td colspan="2">➪ Pedro Calderón de la Barca: El alcalde de Zalamea, La vida es sueño
➪ Francisco de Rojas Zorrilla: Del rey abajo, ninguno
➪ Agustín Moreto: El desdén con el desdén</td></tr>
</table>

1. EL BARROCO EN ESPAÑA

LUIS DE GÓNGORA Y ARGOTE

(Córdoba, 1561-íd., 1677)

☞ Representante de la escuela culterana, fue el poeta más discutido en el siglo XVII y también el de mayor influjo, que ha llegado incluso a la poesía contemporánea.

☞ No toda su poesía está escrita con procedimientos culteranos. Una gran parte de sus composiciones son un prodigio de nitidez y espontaneidad, que escapan al puro culteranismo y presentan más espaciadas las dificultades cultistas.

OBRAS:

- Poemas: *Fábula de Polifemo y Galatea, Soledades, Panegirico al duque de Lerma.*
- Romances: *Amarrado al duro banco, Entre los sueltos caballos.*
- Letrillas: *Ande yo caliente…, Dineros son calidad.*
- Sonetos: *Patos de aguachirle castellana, Por tu vida Lopillo, que me borres.*

FRANCISCO DE QUEVEDO Y VILLEGAS

(Madrid, 1580-Villanueva de los Infantes, 1645)

☞ Máximo representante de la escuela conceptista.

☞ Enemigo irreconciliable de Góngora y del culteranismo.

☞ Poeseedor de un conocimiento del idioma inigualable, se puede considerar como uno de los modeladores de nuestro idioma.

OBRAS:

➪ Poesía:

- Satírica: *Epístola satírica y censoria contra las costumbres presentes de los castellanos, Memorial del duque de Medinaceli al rey don Felipe IV.*
- Burlesca: *Érase un hombre a una nariz pegado, Al mosquito de la trompetilla, Poderoso caballero es don dinero.*

➭ Prosa:

- Política: *Política de Dios, gobierno de Cristo y tiranía de Satanás, Vida de Marco Bruto.*
- Ascética: *La providencia de Dios, La cuna y la sepultura.*
- Satírico-moral: *Sueños, La hora de todos y la fortuna con seso.*
- Crítica: *La culta latiniparla, Aguja de navegar cultos.*
- Novela picaresca: *Historia de la vida del buscón llamado don Pablos.*

BALTASAR GRACIÁN
(Belmonte de Calatayud, 1601-Tarazona, 1658)

☞ Considerado como el teorizante del conceptismo en España.

☞ El estilo de Gracián es eminentemente intelectualista, breve, sentencioso, cortado y enérgico.

☞ Su filosofía es pesimista y presenta un aspecto singular: su desconfianza en el hombre.

OBRAS:

- Como tratadista político: *El héroe, El político Fernando.*
- Como moralista y educador: *El discreto, Oráculo manual y Oráculo manual y arte de prudencia.*
- Novela alegórico-filosófica: *El Criticón.*

DIEGO SAAVEDRA FAJARDO
(Algezares, 1584-Madrid, 1648)

☞ No entra plenamente en el conceptismo literario aunque es afín a él por su estilo sobrio y sentencioso.

OBRAS:

- *Las empresas políticas,* en la que expone sus teorías para la educación de un príncipe perfecto.
- *República literaria,* sátira o elogio a los escritores de su tiempo o anteriores a él.

FÉLIX LOPE DE VEGA Y CARPIO
(Madrid, 1562-íd., 1635)

LOPE DE VEGA Y SUS DISCÍPULOS	
LOPE DE VEGA	➪ RELIGIOSAS: *La buena guarda.* ➪ MITOLÓGICAS: *El marido más firme.* ➪ DE CAPA Y ESPADA: *El acero de Madrid.* ➪ HISTÓRICAS: *Peribáñez y el comendador de Ocaña, Fuenteovejuna.* ➪ AUTOS SACRAMENTALES: *La siega, La maya.*
TIRSO DE MOLINA	➪ RELIGIOSAS: *El condenado por desconfiado.* ➪ HISTÓRICO-LEGENDARIAS: *La prudencia en la mujer, El burlador de Sevilla.* ➪ DE COSTUMBRES: *El vergonzoso en palacio, Marta la piadosa.*
GUILLÉN DE CASTRO	*Las mocedades del Cid.*
JUAN RUIZ DE ALARCÓN	DE CARÁCTER: *La verdad sospechosa.* HISTÓRICO-LEGENDARIAS: *Sanar amigos.* DRAMÁTICAS: *El tejedor de Segovia.* DE MAGIA: *La cueva de Salamanca.*

☞ Mereció ser llamado por sus contemporáneos el «Fénix de los ingenios». Lope fue un autor de prodigiosa fecundidad en todos los géneros literarios, sobresaliendo en el lírico y el dramático.

☞ La poesía de Lope es de enorme riqueza y variedad. Aparece diseminada por sus obras dramáticas y novelescas. Dos poderosas corrientes nutrieron su lírica: los sucesos de su propia vida y las creencias del pueblo español.

☞ Es el fundador del teatro nacional.

☞ Lope de Vega hace del teatro un género eminentemente popular, porque acierta, a la vez, con una fórmula dramática y con una temática sumamente grata al público.

☞ **CARACTERÍSTICAS** del teatro de Lope de Vega:

➪ TEMAS: exaltación de ideales religiosos y monárquicos y del sentimiento del honor.

➪ ARGUMENTOS: fusión de lo trágico y lo cómico tal como alternan en la vida.

➪ FORMA: empleo exclusivo del verso, predominio del octosílabo. Uso frecuente del romance como estrofa. División de las obras en tres actos (exposición, nudo y desenlace).

- FUENTES: se inspiró frecuentemente en el *Romancero* y en las *Crónicas*.

OBRAS:

- Épicas o narrativas:
  - Épico-heroicas: *La Dragontea, La hermosura de Angélica, Jerusalén conquistada.*
  - Épico-religiosas: *El Isidro.*
  - Épico-didácticas: *Arte nuevo de hacer comedias, Laurel de Apolo.*
  - Épico-burlescas: *La gatomaquia.*
- Líricas:
  - Romances: *Pastores de Belén.*
  - Sonetos: *Pastor que con tus silbos amorosos.*
  - Letras para cantar: lo más exquisito de su lírica.
  - Poemas: *A la muerte de Carlos Félix,* incluida en las *Rimas Sacras.*
- Dramáticas:
  - Comedias religiosas: *Lo fingido verdadero, La buena guarda, Barlaán Josafat.*
  - Comedias mitológicas: *El marido más firme* y *Adonis y Venus.*
  - De capa y espada: *El anzuelo de Fenisa, Santiago Verde, La noche toledana, El acero de Madrid, El perro del hortelano, La dama boba.*
  - Comedias novelescas: *El villano en su rincón, El castigo sin venganza.*
  - Comedias históricas: *Peribáñez y el Comendador de Ocaña, El mejor alcalde, el Rey, El caballero de Olmedo, Fuenteovejuna.*
  - Autos y piezas cortas: *La siega, La maya, El viaje del almo, El hijo pródigo*
- Novela:
  - Pastoril: *La Arcadia.*
  - Aventuras: *El peregrino en su patria.*
  - Autobiográfica: *La Dorotea.*

TIRSO DE MOLINA

(Madrid, 1579-Almazán, 1648)

- Seudónimo de fray Gabriel Téllez.
- Escribió casi exclusivamente para el teatro.

☞ Discípulo de Lope, sigue las innovaciones de éste, al que supera en corrección de estilo y sobre todo en la definición psicológica de los personajes.

☞ Ha sido uno de los grandes creadores de los caracteres no sólo del teatro español, sino del universal. Sus tipos femeninos son únicos. Se puede considerar como el representante del teatro realista en España.

OBRAS:

- Religiosas: *La venganza de Tamar, El condenado por desconfiado, Auto sacramental, El colmenero divino.*
- Histórico-legendarias: *La prudencia en la mujer, El burlador de Sevilla, El convidado de piedra.*
- Costumbres: *El vergonzoso en palacio, Marta la piadosa, Don Gil de las calzas verdes, La villana de Vallecas.*
- No dramáticas: *Deleitar aprovechando* y *Los cigarrales de Toledo.*

GUILLÉN DE CASTRO

(Valencia, 1569-Madrid, 1631)

☞ Es el autor más interesante de la escuela dramática de Valencia, fomentada por Lope durante su destierro en aquella ciudad.

OBRAS: destaca en el drama con *Las mocedades del Cid.* Es la primera vez que se lleva a escena la figura de Ruiz Díaz de Vivar.

Es el primer autor que escenifica pasajes de *El Quijote* y las *Novelas ejemplares.*

Escribe una excelente comedia de costumbres: *El Narciso en su opinión.*

JUAN RUIZ DE ALARCÓN

(Ciudad de México, 1581-Madrid, 1639)

☞ Se distingue entre los dramaturgos de la escuela de Lope por un mayor cuidado en la construcción escénica, por una fina observación de los caracteres y costumbres y por la ejemplaridad moral que se desprendía de cada una de sus obras.

OBRAS:

- Comedias de carácter y tendencia moralizadora:
  - *La verdad sospechosa* (la mentira).

– *Las paredes oyen* (maledicencia).
– *No hay mal que por bien no venga* (el egoísmo).
– *La prueba de las promesas* (la ingratitud).

➩ Comedias histórico-legendarias: *Ganar amigos.*
➩ Comedias dramáticas: *El tejedor de Segovia.*
➩ Comedias de magia: *La cueva de Salamanca.*

PEDRO CALDERÓN DE LA BARCA
(Madrid, 1600-íd., 1681)

CALDERÓN DE LA BARCA Y SUS DISCÍPULOS. TEATRO BARROCO	
CALDERÓN DE LA BARCA	*La vida es sueño.* *El alcalde de Zalamea.* *El gran teatro del mundo.*
FRANCISCO DE ROJAS ZORRILLA	*Del Rey abajo, ninguno.*
AGUSTÍN MORETO	*El lindo Don Diego.*

☞ El teatro barroco alcanza su plenitud con Calderón.

☞ Es un amplificador de los temas y de las ideas de Lope de Vega, dándoles u estilo propio y una profundidad trascendente.

☞ La nota distintiva de su teatro es la grandiosidad, magnificando el espíritu c su época: religioso y monárquico.

☞ Elevó a la cumbre de la perfección el auto sacramental.

☞ Menos fecundo que Lope de Vega en su producción escénica, fue, sin emba go, el autor dramático más popular de su tiempo, el genuino representante del s. XV español.

☞ Supo fundir la escenografía con la literatura. Consideró al teatro como una sí tesis de las artes.

OBRAS:

➩ Comedias religiosas: *La devoción de la cruz, El príncipe constante, El m gico prodigioso.*

- ➪ Comedias dramáticas: *El alcalde de Zalamea, El médico de su honra, El mayor monstruo, los celos.*
- ➪ Comedias filosóficas: *La vida es sueño.*
- ➪ Comedias mitológicas: *Eco y Narciso, La estatua de Prometeo.*
- ➪ Comedias de costumbres: *La dama duende, Casa con dos puertas mala es de guardar, El secreto a voces.*
- ➪ Autos sacramentales: *El gran teatro del mundo, El veneno y la triaca, La cena del rey Baltasar.*

2. EL BARROCO EN ITALIA

☞ **POESÍA LÍRICA:** Giambattista Marino.
☞ **POESÍA ÉPICA:** Alessandro Tassoni.
☞ **PROSA:** Galileo Galilei.

GIAMBATTISTA MARINO

(Nápoles, 1567-íd., 1625)

☞ Imitador de los poetas españoles, Lope y Góngora especialmente, fue el más importante poeta italiano del seiscientos.

Su **OBRA** más importante es *Adonis*, vasto poema de cuyo asunto son los amores de Venus y Adonis, estorbados por el celoso Marte.

ALESSANDRO TASSONI

(Módena, 1565-íd., 1635)

☞ Escribió sobre ciencia, temas morales, poesía, historia, considerándosele como el creador del género heroico-cómico.

Autor del poema burlesco *El cubo robado.* Está considerado como el creador del poema heróico-cómico, parodia de la epopeya.

GALILEO GALILEI
(Pisa, 1564-Arcetri, Florencia, 1642)

☞ Matemático y profesor de la Universidad florentina.

☞ Impulsó la mecánica moderna y, utilizando por primera vez el telescópico, realizó importantes investigaciones astronómicas.

📚 En estilo sobrio y transparente escribió los *Diálogos sobre los dos máximos sistemas del mundo, tolemaico y copernicano* y los *Discursos y demostraciones matemáticas sobre dos nuevas ciencias.*

3. EL BARROCO EN FRANCIA

☞ **LA LÍRICA:**
- François de Malherbe.

☞ **LA FÁBULA:**
- Jean de La Fontaine.

☞ **POESÍA:**
- Nicolás Boileau.

☞ **TEATRO:**
- Pierre Corneille.
- Jean Racine.
- Molière.

☞ **FILOSOFÍA:**
- René Descartes.
- Blaise Pascal.

FRANÇOIS DE MALHERBE
(Caen, 1555-París, 1628)

☞ Su labor poética es de gran corrección, sobriedad y pureza, rayanas con frecuencia en frialdad académica.

☞ Para él la poesía es un oficio y debe realizarse mediante una técnica impecable.

📚 Es autor de *Estancias* y *Odas* de factura clásica, pero exentas de profunda inspiración.

JEAN DE LA FONTAINE
(Château-Thierry, 1621-París, 1695)

Es famoso por sus *Fábulas*. Algunas se inspiran en temas esópicos, pero la mayor parte son originales. El encanto, la finura, la delicada sátira presentes en estas fábulas dejan en segundo plano la intención didáctica.

NICOLÁS BOILEAU
(París, 1636-íd., 1711)

☞ Su puesto dentro de las letras europeas lo debe a haber sido el sistematizador de la «doctrina clásica», en su *Art poétique*, inspirada en Aristóteles, Horacio y los preceptistas italianos.

☞ Su doctrina podría resumirse en este principio: «la única norma en el arte es la razón; la claridad, la primer razón del estilo, y la verdad, el fondo de la belleza».

PIERRE CORNEILLE
(Rouen, 1606-París, 1684)

☞ Experto conocedor del teatro clásico español.

☞ La nota dominante de Corneille es la grandeza y el heroismo. Su lenguaje es digno; a veces algo enfático y oscuro, pero siempre enérgico y vigoroso.

Su **OBRA** maestra, *El Cid,* inspirada en *Las mocedades del Cid* de Guillén de Castro.

Otras obras: *Horacio, Cinna, El embustero* (ensayo de la comedia de intriga).

JEAN RACINE
(La Ferté-Milon, 1636-París, 1699)

☞ Sus obras, lineales y con pocos personajes, se adaptan perfectamente a las reglas de la tragedia clásica.

☞ El arte de Racine es sumamente riguroso, sobrio y sometido a la ley de las unidades. Menos épico que Corneille, le superó en finura psicológica y aliento lírico.

📚 **OBRAS**:

- De influjo grecolatino: *Andrómaca, Británico, Berenice, Ifigenia, Fedra.*
- De tema bíblico: *Esther* y *Athalia.*

MOLIÈRE
Jean-Baptiste Poquelin
(París, 1622-íd., 1673)

☞ Seudónimo de Jean-Baptiste Poquelin.

☞ Fue actor y autor. Dominó magistralmente la técnica teatral.

☞ Los rasgos principales de Molière son una gran sensibilidad y una fina agudeza, una imaginación brillante siempre refrenada por la razón y una perspicacia psicológica prodigiosa.

☞ El teatro de Molière importa, más que por la acción que desarrolla, por el estudio de los personajes.

📚 **OBRAS**:

- Comedias de costumbres: *Las preciosas ridículas, La escuela de los maridos.*
- Comedias de carácter: *El avaro, El tartufo, El misántropo* (en donde satiriza los vicios de la sociedad).
- Comedias de intriga: *El médico a palos, El enfermo imaginario,* en cuya representación, Molière que desempeñaba el papel de enfermo, murió.

RENÉ DESCARTES
(La Haye, Turena, 1596-Estocolmo, 1650)

☞ Es el prosista más importante de este periodo.

☞ Filósofo autor de *Discurso del método* y del *Tratado de las pasiones humanas,* escritas en estilo claro y atrayente.

☞ Fundador del racionalismo, sentó como principio de certeza el pensamiento. Su obra abrió el camino a una concepción moderna del mundo. Influyó sobre los escritores de la generación clasicista.

BLAISE PASCAL
(Clermont-Ferrand, 1623-París, 1662)

☞ Destacó como científico y escritor.

☞ Pascal combatió el preciosismo y la retórica, postulando un estilo natural. Es un maestro de la ironía y de la agudeza dialéctica.

📚 Autor de dos **OBRAS** importantes, entre otras: *Cartas provinciales* y *Pensamientos*.

4. EL BARROCO EN INGLATERRA

☞ **POESÍA:** John Lyly.
☞ **POESÍA ÉPICA:** John Milton.

JOHN LYLY
(Weald of Kent, 1554-Londres, 1606)

☞ Es el creador del estilo preciosista inglés denominado «eufuismo», de gran influencia en la prosa barroca de la época.

📚 En su novela *Euphues y su Inglaterra,* exalta a la reina Isabel y las virtudes nacionales.

JOHN MILTON
(Londres, 1608-íd., 1674)

☞ El máximo representante de la poesía épica inglesa. Revela una poderosa imaginación, ímpetu creador y un magistral dominio del verso blanco y del idioma inglés.

☞ Se dedicó a la publicación de obras de combate teológico y político.

📚 Su **OBRA** maestra, convertida en clásico universal, es *El paraíso perdido,* narración compuesta de doce cantos. Cuenta la caída de Adán y Eva, en verso libre, de ritmo majestuoso e inspiración bíblica.

5. EL BARROCO EN PORTUGAL

☞ Antonio Vieira.
☞ Francisco Rodrigues Lobo.
☞ Francisco Manuel de Melo.

ANTONIO VIEIRA
(Lisboa, 1608-Salvador de Bahía, 1697)

☞ Racionalidad práctica e idealismo utópico coexisten en su obra. Su prosa es un modelo del barroco portugués.

📚 Sus **OBRAS** son las *Cartas* y los *Sermones*, de gran vigor y belleza.

FRANCISCO RODRIGUES LOBO
(Leiría, 1580-1621)

☞ Es el lírico más importante de esta época, muy influido por Lope de Vega y Góngora.

📚 Escribió numerosos poemas y algunas novelas pastoriles: *Primavera, Desengaño.*

FRANCISCO MANUEL DE MELO
(Lisboa, 1611-íd., 1667)

☞ Escribió en portugués y en español; sus poesías acusan la influencia de Góngora y Quevedo. Se le conoce más por su faceta de historiador.

📚 Su **OBRA** más importante: *Historia de los movimientos, separación y guerra de Cataluña,* escrita en español.

📚 En portugués escribió la obra dramática *Auto del fidalgo aprendiz.*

SIGLO XVIII.
EL NEOCLASICISMO

LA LITERATURA EUROPEA DEL SIGLO XVIII			
PAÍS	**POESÍA**	**PROSA**	**TEATRO**
FRANCIA		Montesquieu Voltaire	Pierre-Agustin Beaumarchais
SUIZA		Jean-Jacques Rousseau	
ALEMANIA	Johann Wolfgang von Goethe Johann Christoph Friedrich von Schiller		
INGLATERRA	James MacPherson Edward Young Thomas Gray	Daniel Defoe Jonathan Swift	
ESPAÑA	Juan Meléndez Valdés Nicasio Álvarez Cienfuegos Manuel José Quintana Fabulistas: Tomás de Iriarte, Félix María de Samaniego	Diego de Torres de Villarroel Padre Isla Fray Jerónimo Feijoo José Cadalso Gaspar Melchor de Jovellanos	Leandro Fernández de Moratín Vicente García de la Huerta Ramón de la Cruz

Los autores están colocados en la casilla del género en el que destacaron.

EL SIGLO DE LAS LUCES ⇐ SIGLO XVIII ⇒ LA ILUSTRACIÓN	
☞ Es un siglo de corrientes contrapuestas en el que se abren las contradicciones del siglo siguiente.	
ASPECTOS	☞ Predominio de la burguesía sobre la aristocracia ⇨ Fomento del espíritu crítico. ☞ Se impone la razón frente a la fe. ☞ Se rechaza el principio de autoridad ⇨ Despotismo ilustrado. ☞ Se experimenta y reflexiona sobre la realidad.
ESPAÑA	☞ Lucha contra el BARROCO y toma de contacto con el clasicismo francés. ☞ NEOCLASICISMO, se aceptan los principios estéticos fijados desde el siglo anterior por el clasicismo francés. ☞ PRERROMANTICISMO, que en las últimas décadas del siglo, se opone al neoclasicismo y rehabilita la acción del sentimiento en el arte, por influjo inglés.

LITERATURA	☞ Se cultiva poco la literatura de creación. Interesan más el ensayo y la sátira. ☞ En el teatro se impone la regla de las tres unidades. ☞ La lírica apenas tiene manifestaciones de interés. ☞ Arraigan las obras filosóficas y las fábulas moralizadoras. ☞ Se instala en todo el prosaísmo y el sentido común. ☞ Se trata en todos los géneros temas emotivos, nocturnos y lacrimosos que preludian el ROMANTICISMO.

LITERATURA ESPAÑOLA ⇐ SIGLO XVIII ⇒ NEOCLASICISMO		
POESÍA	NEOCLÁSICOS	Juan Meléndez Valdés: letrillas, romances. José Cadalso: *Ocios de mi juventud.* Gaspar Melchor de Jovellanos: *Sátiras y Epístolas.*
	FABULISTAS	Tomás de Iriarte: Fábulas literarias. Félix María de Samaniego: Fábulas morales.
	PRERROMÁNTICOS	Nicasio Álvarez Cienfuegos: *Anacreónticas.* Manuel José Quintana: *Odas, El panteón del Escorial.*
PROSA	NOVELA	Diego de Torres de Villarroel: *Vida, ascendencia, ...* José Cadalso: *Cartas marruecas.* Gaspar Melchor Jovellanos: *Informe sobre la Ley Agraria.* Padre Isla: *Fray Gerundio de Campazas.*
	DIDÁCTICA	Fray Jerónimo Feijoo: *Teatro crítico universal.*
TEATRO	TRAGEDIA	Vicente García de la Huerta: *La Raquel.*
	COMEDIA	Leandro Fernández de Moratín: *El sí de las niñas, La comedia nueva.*
	SAINETE	Ramón de la Cruz: *El fandango del candil, Manolo.*

1. EL NEOCLASICISMO EN ESPAÑA

JUAN MELÉNDEZ VALDÉS

(Ribera del Fresno, 1754-Montpellier, 1817)

☞ Es el poeta más relevante del siglo XVIII y el más importante de la escuela salmantina. Marca la transición del Neoclacisismo al Romanticismo.

☞ El mayor acierto en su obra poética se halla en las letrillas, anacreónticas y romances.

OBRAS:

➪ Poesía bucólica:
- *El amor mariposa.*
- *La flor de Zurguén.*

➪ Romances:
- *La tarde.*
- *La lluvia.*
- *Rosana en los fuegos.*
- *Doña Elvira.*

➪ Poesías filosófico-sentimentales:
- *A la presencia de Dios.*
- *La gloria de las artes.*
- *El invierno, tiempo de la meditación.*

JOSÉ CADALSO

(Cádiz, 1741-Gibraltar, 1782)

☞ Su importancia en el siglo XVIII es considerable como promotor de inquietudes literarias (primera escuela salmantina) y como escritor.

OBRAS:
- *Noches lúgubres,* elegía en prosa, obra prerromántica.
- *Los eruditos a la violeta,* sátira escrita en prosa.
- *Cartas marruecas,* constituyen una censura de la decadencia y corrupción de la patria.

GASPAR MELCHOR DE JOVELLANOS
(Gijón, 1744-Puerto de Vega, 1811)

☞ Importante político, patriota y reformador.

☞ Desarrolló una intensa labor contra los franceses en la guerra de la Independencia

☞ Fue poeta y prosista. Escribió numerosos informes, dictámenes, discursos y artículos.

OBRAS:

➪ Prosa:

- *Informe sobre el expediente de la Ley Agraria,* tratado sobre la mejor ordenación de las tierras.
- *Memoria del castillo de Bellver,* de carácter arqueológico e histórico-artístico.

➪ Poesía:

- *A la noche, Fabio a Anfriso.*
- *Canto guerrero para los asturianos contra los franceses.*

➪ Teatro:

- *El delincuente honrado,* de rasgos lacrimógenos y prerrománticos.

TOMÁS DE IRIARTE
(Puerto de la Cruz, 1750-Madrid, 1791)

☞ Activísimo literato que alcanzó gran renombre por sus *Fábulas literarias,* setenta y seis composiciones dedicadas a satirizar los vicios de la literatura contemporánea, desde el punto de vista neoclásico o, simplemente, desde el sentido común.

Son célebres sus fábulas *El burro flautista, Los dos loros y la cotorra, Los dos conejos, La mona...* Compuso también algunos poemas extensos como *La música*, de gran éxito en su época. También compuso comedias como *El señorito minado, La señorita mal criada.*

FÉLIX MARÍA DE SAMANIEGO
(Laguardia, Álava, 1745-íd., 1801)

Publicó *Fábulas morales*. Se inspiró en Fedro y La Fontaine.

Estas fábulas nos son más que historietas en verso con intención ética.

Algunas de ellas son: *El parto de los montes, La lechera, Las ranas pidiendo rey, La zorra y las uvas...*

NICASIO ÁLVAREZ DE CIENFUEGOS
(Madrid, 1764-Orthez, 1809)

☞ Imitador de la poesía filosófica y anacreóntica de su amigo Meléndez, deriva en su última época en un tipo de poesía delicadamente sentimental, que le convierte en un precursor del romanticismo.

OBRAS:

- *Mi paseo solitario en primavera.*
- *La rosa del desierto.*
- *Al otoño.*
- *La escuela del sepulcro,* de tema funerario, típico del romanticismo.

MANUEL JOSÉ QUINTANA
(Madrid, 1772-íd., 1857)

☞ Su mérito como dramaturgo es muy inferior al que acredita como poeta y prosista.

☞ Discípulo de Álvarez Cienfuegos y amigo de Jovellanos, poeta, autor dramático y prosista.

OBRAS:

➩ Poesía:

- *A Guzmán el Bueno,* oda de retórica altisonante.
- *Al combate de Trafalgar,* poesía patriótica.
- *El panteón de El Escorial* y *La fuente mora encantada,* de orientación prerromántica.

➩ Teatro:

- *El duque de Viseo* y *Pelayo,* tragedias de forma clásica.

➩ Prosa:

- *Vidas de españoles célebres,* su mejor obra en prosa. Su modelo fue Plutarco.

DIEGO DE TORRES VILLARROEL
(Salamanca, 1693-íd., 1770)

☞ El único escritor de talento fiel a los gustos barrocos que hubo en el siglo XVIII.

☞ Imitador constante de Quevedo, escribió cuadros costumbristas, titulados *Visiones y visitas de Torres con Quevedo por Madrid.*

La **OBRA** más importante es su autobiografía: *Vida, ascendencia, nacimiento, crianza y aventuras del doctor Diego de Torres y Villarroel.*

PADRE JOSÉ FRANCISCO DE ISLA
(Vidanes, León, 1703-Bolonia, 1781)

Es el cultivador de la novela más notable de la época: *Historia del famoso predicador fray Gerundio de Campazas, alias Zotes,* en la que se burla de los malos predicadores, novela satírica con caracteres didácticos.

Tradujo la novela de Alain-René Lesage *Aventuras de Gil Blas de Santillana.*

FRAY BENITO JERÓNIMO FEIJOO Y MONTENEGRO
(Casdemiro, Orense, 1676-Oviedo, 1764)

☞ Se le ha considerado como el máximo exponente del espíritu ilustrado español.

☞ El único género que cultivó fue el ensayo.

OBRAS:

- *Teatro crítico universal* (8 tomos).
- *Cartas eruditas y curiosas* (5 tomos).

☞ Un grupo importante de sus ensayos está destinado a combatir supersticiones y falsas creencias populares: artes adivinatorias, profecías y milagros supuestos, duendes y espíritus familiares.

➪ En DOS ASPECTOS ejerció grandísimo influjo:

- En el idioma español: con Feijoo, la prosa moderna queda sustancialmente fijada.
- En la cultura: al difundir en España los avances de la ciencia y del pensamiento europeo en permanente pugna contra el error y la barbarie.

VICENTE GARCÍA DE LA HUERTA
(Zafra, Badajoz, 1734-Madrid, 1787)

☞ Intentó aclimatar en España la tragedia clásica francesa.

Compuso dos tragedias neoclásicas: *Agamenón vengado* y *Raquel.*

Pretendió rendir tributo a nuestro teatro clásico publicando el *Teatro Español,* con un criterio tan descabellado que no figuran en su colección Lope, Tirso ni Alarcón.

LEANDRO FERNÁNDEZ DE MORATÍN
(Madrid, 1760-París, 1828)

☞ Fue un satírico temible y un lírico que posee un rasgo excepcional en su siglo: la intimidad. Su poesía es melancólica sin ser grande y dolorida sin caer en el llanto.

☞ Sus obras dramáticas son lo mejor de su producción. Observa en ellas la teoría del arte docente, las tres típicas unidades y un estilo de lenguaje correctísimo.

OBRAS:

➪ Poesía:

– *A Claudio* o *El filosofastro,* de carácter satírico.

– *Elegía a las musas,* en la que se observan elementos románticos.

➪ Teatro:

– *El viejo y la niña.*

– *El sí de las niñas,* su obra maestra.

– *La comedia nueva* o *El café.*

➪ Traducciones:

– *Hamlet* de Shakespeare.

– *Escuela de maridos* y *El médico a palos* de Molière.

RAMÓN DE LA CRUZ
(Madrid, 1731-íd., 1794)

☞ Su nombre de gran prestigio popular va asociado a los castizos sainetes de que es autor.

☞ Se alejó de los ambientes aristocráticos para buscar en los medios populares la fuente de inspiración para sus creaciones teatrales.

☞ Se oponen al frío teatro seudoclasicista, reivindica el lenguaje popular y restaura los temas del saber folclórico.

OBRAS:

➪ Sainetes:

– *El fandango del candil.*

– *Las castañeras picadas.*

– *El Rastro por la noche.*

– *La pradera de san Isidro.*

☞ En cierto modo, con los sainetes, continúa la tradición de los pasos de Lope de Rueda (siglo XVI).

1.1. CENTROS DE CULTURA Y PUBLICACIONES

INSTITUCIONES	
BIBLIOTECA NACIONAL	➩ Fue fundada en 1712, con una base de 8.000 volúmenes, entre manuscritos e impresos. ➩ Tiene el privilegio, desde su fundación, de obtener un ejemplar de cuantos libros y papeles se imprimen en España.
REAL ACADEMIA ESPAÑOLA	➩ Se fundó en 1713, a imitación de la Academia Francesa, por un grupo de escritores españoles presididos por don Juan Manuel Fernández Pacheco. ➩ Adoptó el lema "Limpia, fija y da esplendor", aludiendo a sus propósitos con relación al idioma.
REAL ACADEMIA DE LA HISTORIA	➩ Fundada en 1735, su establecimiento definitivo y oficial se mantuvo por Real Decreto de Felipe V en 1738.
PUBLICACIONES	
LA ENCICLOPEDIA	➩ Una de las creaciones más importantes de la literatura francesa del siglo XVIII. Obra en 28 volúmenes, compuesta entre 1751 y 1772. En ella se exponen por orden alfabético todos los conocimientos humanos de la época. ➩ La obra fue planeada y dirigida por Demis Diderot. ➩ La influencia de esta obra en Europa y España fue muy importante.
DIARIO DE LOS LITERATOS	➩ Primera revista publicada en España. Se dedicó preferentemente a la crítica científica, filosófica y literaria.

2. EL NEOCLASICISMO EN FRANCIA

☞ **PROSA:**
- Montesquieu.
- Voltaire.
- Jean-Jacques Rousseau (Suiza).

☞ **COMEDIA:**
- Pierre-Agustin de Beaumarchais.

MONTESQUIEU
Charles-Louis de Secondat
(La Brède, 1689-París, 1755)

☞ Sentó las bases de la moderna teoría del Estado al propugnar la soberanía popular, los derechos del hombre y la necesidad de constituciones escritas.

📚 Como filósofo su obra más importante es tratado *El espíritu de las leyes.*

📚 Como historiador, destaca *Consideraciones sobre las causas de la grandeza y decadencia de los romanos.*

📚 Su fama la debe a las *Cartas persas,* dura sátira a las costumbres francesas.

VOLTAIRE
François-Marie Arouet
(París, 1694-íd., 1778)

☞ Su nombre ha quedado para siempre unido al concepto de libertad de espíritu y a una forma de filosofía práctica, convirtiéndolo en el primer intelectual comprometido.

☞ Es el espíritu más crítico e incisivo del siglo. Su influjo en toda Europa fue extraordinario.

☞ Su estilo es uno de los más elegantes de las letras francesas.

📚 **OBRAS:**
- Tragedias: *Zaira* y *Mérope.*
- Históricas: *El siglo de Luis XIV.*

– Filosóficas: *Diccionario filosófico, Tratado de la tolerancia.*
– Cuentos y novelas breves: *Zochig, Micromeyes, Cándido.*

JEAN-JACQUES ROUSSEAU
(Ginebra, 1712-Ermeneville, 1778)

☞ Es uno de los más tempranos escritores prerrománticos, en los que ocupa un papel importante el sentimiento de la Naturaleza.

☞ Como político y filósofo social su influjo en toda Europa fue extraordinario.

📚 Postulaba en su obra *El contrato social:*
– La perfección original del hombre.
– La igualdad de todos los hombres.
– Soberanía del pueblo y derecho a la rebeldía.

📚 OBRAS:
– *Emilio,* de carácter sentimental y pedagógico, explica cómo se debe educar.
– *Julia* o *La nueva Eloísa,* de forma epistolar, con todos los ingredientes que han de dar lugar al Romanticismo posterior.

PIERRE-AGUSTIN DE BEAUMARCHAIS
(París, 1732-1799)

☞ Demostró una preocupación constante por la renovación de la actividad teatral, así como por los derechos de los autores.

📚 Son famosas sus dos comedias: *El barbero de Sevilla* y *Las bodas de Fígaro,* con influencia de las nuevas ideas. En la última satiriza agriamente a la nobleza.

3. EL NEOCLASICISMO EN ALEMANIA

☞ **POESÍA:**
– Johann Wolfgang von Goethe.
– Johann Christoph Friedrich von Schiller.

JOHANN WOLFGANG VON GOETHE
(Frankfurt, 1749-Weimar, 1832)

☞ El más importante escritor de la literatura alemana y figura máxima del romanticismo europeo.

☞ Cultiva los más variados géneros literarios. Es un escritor íntegro en el que se funden de modo admirable la serenidad clásica y la pasión romántica.

OBRAS:

- Poesía: *Hermann y Dorotea, Diván oriental-occidental.*
- Teatro: *Torquato Tasso, Conde de Egmont, Ifigenia en Táuride.*
- Novelas: *Aventuras del joven Werther, Los años de aprendizaje de Wilhelm Meister, Afinidades electivas.*
- Tratados científicos: *Metamorfosis de las plantas, Metamorfosis de los animales, Teoría de los colores.*

Fausto

- La primera redacción conocida de la historia de Fausto es un manuscrito de 1571 aproximadamente, reencontrado y publicado en 1892.
- Es una de las obras más representativas de la literatura universal, considerada el símbolo del afán europeo por el conocimiento y el poder.
- Se trata de un poema dramático filosófico-social que parte de las tendencias clasicistas y románticas.
- Recoge la leyenda medieval del doctor Fausto, que vende su alma al diablo a fin de recuperar su juventud y el amor de su amada Margarita.

JOHANN CHRISTOPH FRIEDRICH VON SCHILLER
(Marbach am Neckar, 1759-Weimar, 1805)

☞ Es el más importante autor dramático alemán de su tiempo y uno de los más importantes de todas las épocas. Es también un notable poeta lírico.

☞ Además de maestro en la creación teatral y en la composición poética, fue un gran historiador.

OBRAS:

- Poesía:
  - *Himno a la alegría* (que inspiró a Beethoven la novena sinfonía).
  - *El ideal y la vida.*
  - *Los dioses de Grecia.*
  - *La campana.*
- Obras dramáticas:
  - *Los bandidos,* escrita a los veintidós años.
  - *Don Carlos,* en la que recarga con tintes sombríos la figura de Felipe II.
  - *Guillermo Tell,* sobre el héroe popular suizo.
  - *María Estuardo,* sobre la infortunada reina de Escocia.
  - *La doncella de Orleans,* sobre Juana de Arco.
  - *Wallenstein,* trilogía que pasa por ser la obra más importante del teatro alemán, en la que intenta reproducir la vida de su nación durante la guerra de los Treinta Años.

4. EL NEOCLASICISMO EN INGLATERRA

POETAS PRERROMÁNTICOS:
- James MacPherson.
- Edward Young.
- Thomas Gray.

PROSA:
- Daniel Defoe.
- Jonathan Swift.

Inglaterra es la cuna del Prerromanticismo.

JAMES MACPHERSON
(Ruthven, 1736-Belville in Badenoch, 1796)

Publica los poemas *Fingal* y *Temora,* atribuyéndolos a un supuesto poeta celta de los siglos II-III llamado Ossian. Más tarde, se supuso que todo había sido una invención de MacPherson, pero su influjo en toda Europa, y concretamente en la escuela romántica, ya se había realizado.

EDWARD YOUNG
(Upham, 1683-Welwgn, 1765)

Obtuvo rápida fama con su elegía *Lamentos o pensamientos nocturnos.*
☞ Él es quien introduce en la poesía europea el tema de la noche y el día.
☞ Tuvo muchos imitadores.

THOMAS GRAY
(Londres, 1715-Cambridge, 1771)

Compuso *Elegía escrita en un cementerio,* muy leída en su tiempo.
☞ Inicia el tono melancólico que ha de caracterizar la poesía romántica posterior.

DANIEL DEFOE
(Londres, 1662-Moorfields, 1731)

☞ Uno de los grandes renovadores de la narrativa dieciochesca inglesa y el padre e la novela de aventuras.

☞ Considerado uno de los iniciadores del periodismo moderno, por la destreza ue revela a la hora de narrar sucesos.

Escribe *Aventuras de Robinson Crusoe* en 1719, historia de un náufrago en na isla deshabitada. Una exaltación de la energía humana en la lucha contra la adersidad.

Aventuras de Robinson Crusoe

- Escrita en 1719.
- La novela está inspirada en hechos reales, vividos por un marinero inglés.
- Un joven rebelde decide abandonar su acomodada vida para realizar sus sueños aventureros. Tras varios naufragios, acabará en una isla perdida, en donde sólo encontrará la compañía del nativo Viernes. Allí tendrá que valerse de todo tipo de ingenios para sobrevivir.

JONATHAN SWIFT

(Dublín, 1667-íd., 1745)

☞ Delataba la supuesta corrupción y estupidez de las religiones, de la enseñanza de las academias y de la sociedad en general.

📚 Famoso por su novela *Los viajes de Gulliver,* una aguda sátira de la socieda inglesa de su tiempo.

Siglo xix.
Romanticismo. Realismo.
Naturalismo

SIGLO XIX	ROMANTICISMO
	REALISMO
	NATURALISMO

NOTAS DIFERENCIALES ENTRE NEOCLASICISMO Y ROMANTICISMO		
NEOCLASICISMO		**ROMANTICISMO**
Predomina la razón sobre la fantasía y el sentimiento.	⇔	Predominio de la imaginación y sentimiento sobre la razón.
Lirismo objetivo: inseguridad y amaneramiento.	⇔	Lirismo esencialmente subjetivo. El poeta canta su propio yo.
Temática: gusto por la mitología y la historia antigua.	⇔	Temática: revalorización de la Edad Media caballeresca y cristiana.
Fría imitación de los modelos clásicos.	⇔	Imitación directa de la realidad exterior.
Expresión de sólo lo perfecto.	⇔	Admisión en la obra de arte incluso de lo feo y lo macabro.
Unidad de elementos artísticos.	⇔	Pluralidad y polimetría de elementos antitéticos (prosa, verso; triste, alegre).
Sujeción a las normas clasicistas.	⇔	Libertad de inspiración y ejecución de la obra artística.
Sobriedad, ponderación, serenidad.	⇔	Exuberancia, excitación tumultuosa, reflejo de los tiempos apasionados.
Literatura académica, erudita, dirigida a un público culto.	⇔	Literatura popular, folclórica, accesible a todos los públicos.

ROMANTICISMO

- El Romanticismo fue un movimiento artístico que se produjo en Europa durante el primer tercio del siglo XIX. Se inició en Francia e Inglaterra.
- Fue para la literatura lo que la Revolución Francesa para la vida social y política: la exaltación y triunfo de la libertad y del sentimiento individual sobre las normas y el frío racionalismo del siglo anterior.

NOTAS DIFERENCIALES ENTRE ROMANTICISMO Y REALISMO		
ROMANTICISMO		REALISMO
Profundamente subjetivo.	⇔	Moderación afectiva de los sentimientos.
De gran idealismo y sentimiento.	⇔	Visión desapasionada del mundo.
Predominantemente lírico.	⇔	Desarrollo de la novela.
Desencanto ante la realidad que lleva a veces al suicidio.	⇔	Observación rigurosa y reproducción fiel de la vida.

REALISMO
➩ Hacia el año 1845 se opera en Francia una reacción contra el subjetivismo exagerado del Romanticismo. Los miembros de esta corriente literaria, llamada Realismo, tienden a captar y reproducir en sus obras la vida y el ambiente tales como son. Es, por tanto, una tendencia opuesta al idealismo sentimental de la escuela romántica. ➩ El género más característico es la novela. En ella se refleja la sociedad contemporánea en toda su complejidad.
NATURALISMO
➩ Como el realismo, se originó en Francia en la segunda mitad del siglo XIX, siendo su principal impulsor Émile Zola. ➩ La corriente naturalista pretende dar a la literatura un valor científico y de conocimiento.

1. ETAPAS DE LA LITERATURA ESPAÑOLA EN EL SIGLO XIX

Hasta 1830	Continúan las tendencias del siglo XVIII al tiempo que surgen algunos escritores prerrománticos.
1830-1850	Predominio de la escuela romántica.
1850-1870	Comienzo del Realismo.
1870-1898	Triunfo y apogeo del Realismo, llevado a su extremo por el Naturalismo.
1898	Se inicia en lo literario el siglo XX.

2. EL ROMANTICISMO EN ESPAÑA

ROMANTICISMO EN ESPAÑA – SIGLO XIX (primera mitad)	
LÍRICA	JOSÉ DE ESPRONCEDA: *La canción del pirata.* JOSÉ ZORRILLA: *Recuerdos y fantasías.* DUQUE DE RIVAS: *Al faro de Malta.* GUSTAVO ADOLFO BÉCQUER: *Rimas.* ROSALÍA DE CASTRO: *En las orillas del Sar.*
LÍRICA NARRATIVA	Romances históricos ➪ DUQUE DE RIVAS: *El moro expósito.* Leyendas ➪ JOSÉ ZORRILLA: *Margarita la Tornera.*
POEMAS NARRATIVOS	ESPRONCEDA: *El estudiante de Salamanca.* DUQUE DE RIVAS: *El moro expósito.*
NARRACIÓN EN PROSA	Cuadros costumbristas ➪ RAMÓN MESONERO ROMANOS: *Escenas matritenses.* Leyendas ➪ GUSTAVO ADOLFO BÉCQUER: *Maese Pérez el organista.* Novela histórica ➪ ENRIQUE GIL Y CARRASCO: *El señor de Bembibre.* Novela costumbrista ➪ FERNÁN CABALLERO: *La gaviota.* – ARMANDO PALACIO VALDÉS: *La hermana San Sulpicio.*
TEATRO	FRANCISCO MARTÍNEZ DE LA ROSA: *La conjuración de Venecia.* DUQUE DE RIVAS: *Don Álvaro o la fuerza del sino.* JUAN EUGENIO HARTZENBUSCH: *Los amantes de Teruel.* JOSÉ ZORRILLA: *Traidor, inconfeso y mártir.*
PERIODISMO Y ENSAYO	MARIANO JOSÉ DE LARRA: *Artículos de costumbres, Artículos de crítica literaria.* JUAN DONOSO CORTÉS: *Ensayo sobre el catolicismo, el liberalismo y el socialismo.* JAIME BALMES: *El criterio.*

JOSÉ DE ESPRONCEDA
(Almendralejo, 1808-Madrid, 1842)

☞ Su vida y obra personifican el espíritu independiente y anarquizante del romanticismo clásico. Puede ser considerado como el poeta lírico más relevante y también más caracterizado de la escuela romántica en su primera etapa.

📚 **OBRAS**:
- Poemas extensos: *El estudiante de Salamanca, El diablo mundo, Canto a Teresa.*
- Poesías líricas: *A Jarifa en una orgía, El canto del corsario, La canción del pirata, Himno al sol.*

DUQUE DE RIVAS
Ángel de Saavedra y Ramírez de Baquedano
(Córdoba, 1791-Madrid, 1865)

☞ Es quizá la figura más representativa del Romanticismo español.

☞ En un primer momento, su obra se caracteriza por su sabor clasicista y por el gusto francés de sus tragedias.

📚 La obra más importante de Rivas y sin duda una de las más significativas del Romanticismo español es el drama *Don Álvaro o la fuerza del sino.*

📚 Aunque está considerado como autor dramático de relieve, el duque de Rivas es un gran poeta de temas históricos legendarios: *El moro expósito, La azucena milagrosa,* y romances históricos como *El conde de Villlamediana, Don Álvaro de Luna, Un castellano leal...*

☞ Los romances suponen una restauración de los temas tradicionales.

Don Álvaro o la fuerza del sino

- Escrita en Francia, pero estrenada en Madrid en 1835.
- Drama en 5 jornadas en prosa y verso, que significó el triunfo del teatro romántico en España.

➪ Continúa la brillante tradición de Lope de Vega y Calderón, a la que añade un nuevo elemento tomado de la tragedia griega: la lucha del héroe contra la adversidad.
La trama se desarrolla en la Sevilla del siglo XVIII, a donde llega Don Álvaro y se enamora de Leonor. El Marqués de Calatrava, padre de ésta, desaprueba la unión, lo que provocará una serie de hechos fatídicos y fortuitos cuyo desenlace será la muerte del propio marqués, de Leonor y su hermano. Don Álvaro, atormentado por su sino, también se dará muerte.

GUSTAVO ADOLFO BÉCQUER
(Sevilla, 1836-Madrid, 1870)

☞ Debe considerarse a este autor como un romántico rezagado. Su poesía es esen-ialmente lírica y la más subjetiva del siglo XIX. Estiliza los temas románticos depu-índolos de toda falsa retórica.

☞ Sus poemas suponen la revalorización, característica del romanticismo, de can-iones y coplas de la poesía popular.

OBRAS:

➪ *Rimas*:
- Son de corta extensión.
- Asonantadas en la mayor parte.
- Su temática: el amor, la ilusión, el desengaño, la soledad.

➪ *Leyendas*:
- Aporta a la prosa romántica española lo misterioso, lo fantasmagórico. Escritas en prosa, todo en ellas es pura poesía. Los argumentos giran en torno a un asunto maravilloso.
- Algunos títulos: *El Miserere, La corza blanca, El monte de las ánimas, Maese Pérez el organista.*

ROSALÍA DE CASTRO
(Santiago de Compostela, 1837-Padrón, 1885)

☞ Forma junto a Bécquer la pareja de grandes líricos que prolongan y depuran el manticismo.

☞ Su obra se halla escrita en gallego y castellano y se caracteriza por la expresión sencilla y un fuerte carácter simbólico.

☞ Precursora del movimiento de renovación de la métrica española.

OBRAS:

➪ En gallego:

– *Cantares galegos,* canciones populares de honda nostalgia.

– *Follas novas,* poemas de intensa emoción.

➪ En castellano:

– *En las orillas del Sar,* colección de poemas.

– *El caballero de las botas azules,* novela.

RAMÓN MESONERO ROMANOS
(Madrid, 1803-íd., 1882)

☞ Puede considerarse como el más representativo de los escritores costumbristas.

☞ Sus obras tratan los más diversos temas: costumbres populares, religiosas y literarias.

☞ Destacan su fino humorismo, estilo y lenguaje llano y sencillo.

OBRAS: Reflejan fielmente la vida popular de la Corte.

– *Panorama matritense.*

– *Escenas matritenses.*

– *Tipos y caracteres.*

ENRIQUE GIL Y CARRASCO
(Villafranca del Bierzo, 1815-Berlín, 1846)

☞ Novelista romántico cultivador del género histórico. Sobresale por su cuidado en la reconstrucción histórica, su sentimiento del paisaje y su excelente estilo.

Su **OBRA**, *El señor de Bembibre,* se basa en la desaparición de la Orden de los Templarios en España.

FERNÁN CABALLERO
(Morges, Suiza, 1796-Sevilla, 1877)

☞ Seudónimo de Cecilia Böhl de Faber.

☞ Cultiva un costumbrismo andaluz, con enfoques sentimentales y moralizantes.

📚 Destaca su novela *La gaviota.*

ARMANDO PALACIO VALDÉS
(Entralgo, Asturias, 1853-Madrid, 1938)

☞ Colaboró con Clarín en varias publicaciones.

☞ Presenta una exaltación de las virtudes tradicionalistas frente al progreso.

📚 Se hicieron famosas sus novelas *La hermana San Sulpicio* y *La alegría del capitán Ribot.*

FRANCISCO MARTÍNEZ DE LA ROSA
(Granada, 1787-Madrid, 1862)

☞ Poeta y autor dramático destacado. Introductor del teatro romántico en España.

📚 Escribió y publicó en francés un drama romántico, *Aben Humeya.*

📚 En España estrenó con mucho éxito *La conjuración de Venecia,* de asunto histórico. Todo en este drama es trágico y sombrío.

JUAN EUGENIO HARTZENBUSCH
(Madrid, 1806-íd., 1880)

☞ Fue académico y director de la Biblioteca nacional.

☞ Escribió dramas de fuerte carácter romántico entre los que sobresalen los de temas histórico-legendarios.

📚 **OBRAS**: *Los amantes de Teruel, La jura de Santa Gadea, Alfonso el Casto.*

JOSÉ ZORRILLA
(Valladolid, 1817-Madrid, 1893)

☞ Sus dos aspectos de mayor interés son el de poeta legendario y el de autor dramático.

☞ Su obra es más extensa que intensa. Puede clasificarse en tres categorías: poesías líricas, leyendas y obras dramáticas.

☞ Le caracterizan su gran imaginación, el casticismo de su lenguaje, la musicalidad y la riqueza métrica de sus versos.

Entre sus leyendas poéticas, que superan a las del duque de Rivas en vigor y plasticidad, se encuentran: *A buen juez, mejor testigo* y *Margarita la tornera.*

En su vasta producción dramática sobresalen:

– *Don Juan Tenorio,* arquetipo de protagonista romántico.
– *El puñal del godo.*
– *El zapatero y el rey.*
– *Traidor, inconfeso y mártir.*

MARIANO JOSÉ DE LARRA
(Madrid, 1809-íd., 1837)

☞ Uno de los prosistas más interesantes del espíritu romántico liberal.

☞ Fue un extraordinario articulista y crítico.

☞ Destacan sus artículos de costumbres en los que comenta aspectos variados del comportamiento social de los españoles.

☞ Larra contempla a sus compatriotas, con ironía y sarcasmos. Proyecta una visión pesimista y amarga de su país.

Destacan los artículos titulados: *Corrida de toros, El castellano viejo, Vuelva usted mañana, Robos decentes.*

JUAN DONOSO CORTÉS
(Valle de la Serena, 1809-París, 1853)

☞ Representante del pensamiento católico y conservador.

☞ Uno de los más destacados oradores españoles.

OBRAS:

– *Ensayo sobre el catolicismo, el liberalismo y el socialismo.*
– *Las bellezas de la Biblia,* discurso académico.

JAIME BALMES
(Vic, 1810-íd., 1848)

☞ Famoso pensador *(Filosofía fundamental, El criterio).*
☞ Polemista religioso *(El Protestantismo comparado con el Catolicismo).*

3. REALISMO Y NATURALISMO EN ESPAÑA

REALISMO Y NATURALISMO EN ESPAÑA - SIGLO XIX (segunda mitad)		
POESÍA	RAMÓN DE CAMPOAMOR: *Doloras* y *Humoradas.*	
TEATRO	JOSÉ DE ECHEGARAY: *El gran galeoto.*	
NOVELA	**REALISTA**	PEDRO ANTONIO DE ALARCÓN: *El escándalo, El sombrero de tres picos.* JUAN VALERA: *Pepita Jiménez.* JOSÉ MARÍA PEREDA: *Sotileza, Peñas arriba.* BENITO PÉREZ GALDÓS: *Misericordia, Fortunata y Jacinta.*
	NATURALISTA	EMILIA PARDO BAZÁN: *Los pazos de Ulloa.* CLARÍN: *La Regenta.* VICENTE BLASCO IBÁÑEZ: *Arroz y Tartana, La Barraca.*
DIDÁCTICA	MARCELINO MENÉNDEZ PELAYO: *La ciencia española.*	

JOSÉ DE ECHEGARAY
(Madrid, 1832-íd., 1916)

☞ Representa un romanticismo grandilocuente y trasnochado.
☞ Su teatro es una síntesis de las tendencias dramáticas del XIX, predominando el carácter neorromántico y la tesis moralista.
OBRAS: *El gran galeoto, Mancha que limpia.*
☞ Fue el primer escritor español que obtuvo el premio Nobel (1904).

RAMÓN DE CAMPOAMOR

(Navia, Asturias, 1817-Madrid, 1901)

☞ Su novedad consiste en dar valor a la poesía de lo cotidiano, sosteniendo que lo único que diferencia la prosa del verso es el ritmo.

📚 Alcanzó fama con sus *Humoradas, Doloras y Pequeños poemas*, en los que alternan la ironía escéptica y un sentimentalismo trivial.

PEDRO ANTONIO DE ALARCÓN

(Guadix, Granada, 1833-Madrid, 1891)

☞ Sirve de enlace entre la novela de costumbres y el apogeo de la novela realista.

📚 Elementos románticos hay aún en novelas suyas como *El escándalo* (1873).

📚 Es de transparente realismo *El sombrero de tres picos* (1874).

JUAN VALERA

(Cabra, Córdoba, 1824-Madrid, 1905)

☞ Dentro de la novela realista representa la de carácter psicológica. Son especialmente notables los personajes femeninos.

📚 **OBRAS**:

- *Pepita Jiménez,* su mejor novela.
- *Doña Luz.*
- *Juanita la larga.*

JOSÉ MARÍA PEREDA

(Polanco, 1833-Santander, 1906)

☞ Se sitúa en la línea tradicionalista.

☞ Exalta la naturaleza y los gustos sencillos. Sobresalen sus descripciones de paisajes.

📚 **OBRAS**: *Sotileza* y *Peñas arriba.*

BENITO PÉREZ GALDÓS

(Las Palmas de Gran Canaria, 1843-Madrid, 1920)

☞ Pintor de la burguesía y de las clases humildes, aporta una obra narrativa de extraordinaria importancia.

☞ Entre los restauradores de la novela española es el más fecundo, el de más rica inventiva, el creador de mayor número de personajes y el más completo.

📚 **OBRAS**:

- *Los episodios nacionales:* cuarenta y cinco narraciones en total, divididas en cinco series que forman un conjunto grandioso, Trafalgar, Bailén, Zaragoza, Gerona, etc. Viene a ser una síntesis de la España del siglo XIX.
- Novela realista: *Marianela, Misericordia, Miau, Fortunata y Jacinta.*

EMILIA PARDO BAZÁN

(La Coruña, 1851-Madrid, 1921)

☞ La influencia del realismo galdosiano y los novelistas franceses (Zola) serán decisivos en su narrativa.

☞ En 1892 fundó la Biblioteca de la Mujer y tuvo una participación muy activa en la vida cultural y social.

📚 *Los pazos de Ulloa* y *La madre naturaleza* componen un intenso cuadro de gustos y paisajes de Galicia.

LEOPOLDO ALAS, «CLARÍN»

(Zamora, 1852-Oviedo, 1901)

☞ Fue novelista, autor de cuentos y afamado crítico.

☞ Ejerció gran influjo sobre la llamada generación del 98.

📚 *La Regenta,* novela naturalista, es una de las cumbres de la literatura española.

📚 De sus numerosos cuentos es interesante *Adiós Cordera.*

La Regenta

☞ En esta obra (1885), el autor combina la sátira social con la tragedia individual; el vitalismo, con la vida hipócrita; la descripción de ambientes, con la novela psicológica, y perfila en una sola trama los dos grandes temas de la novela del XIX: el adulterio y los clérigos enamorados.

☞ Representa la adquisición por la novela española del arte del detalle, del monólogo interior y del discurso indirecto.

Novela realista que narra el adulterio de Ana Ozores, mujer demasiado sensible para soportar el ambiente de estrechas y férreas convenciones sociales de su ciudad «Vetusta» (Oviedo).

VICENTE BLASCO IBÁÑEZ
(Valencia, 1867-Menton, 1928)

☞ Lleva al extremo las teorías naturalistas de Zola, en especial en las novelas *La Barraca, Cañas y barro, Arroz y tartana* y *Entre naranjos.*

☞ Escritor dinámico, de lenguaje directo, de gran brillantez en sus descripciones y de fuerte dramatismo en el fondo de sus obras.

MARCELINO MENÉNDEZ PELAYO
(Santander, 1856-íd., 1912)

☞ Figura de la erudición y crítica moderna.

☞ Referencia constante para la visión histórica y el pensamiento político conservadores de la España del siglo XX.

☞ Destaca en la obra de Menéndez Pelayo, su gran extensión y su gran capacidad de síntesis.

OBRAS:

- *La ciencia española,* en la que defiende la tradición cultural de España.
- En la *Historia de los heterodoxos españoles* y la *Historia de las ideas estéticas en España* trazó las líneas fundamentales del pensamiento español.
- *Orígenes de la novela.*

4. ESCRITORES EUROPEOS REPRESENTATIVOS DEL SIGLO XIX

PAÍS	POESÍA	PROSA
FRANCIA	Alphonse de Lamartine Victor Hugo Charles Baudelaire Paul Verlaine Arthur Rimbaud	Madame de Staël François René de Chateaubriand Honoré Balzac Stendhal Gustave Flaubert Émile Zola
ALEMANIA	Friedrich Hölderlin Heinrich Heine	Ernst Hoffmann
INGLATERRA	Lord Byron Percy Bysshe Shelley John Keats	Walter Scott Charles Dickens Robert Louis Stevenson
ITALIA	Alessandro Manzoni	
RUSIA	Alexandr Pushkin Nikolái V. Gógol	Ivan Turguéniev Fedor Dostoievksi Lev Tolstoi Anton Chejov

4.1. ESCRITORES FRANCESES DEL SIGLO XIX

MADAME DE STAËL
(París, 1766-íd., 1817)

☞ Seudónimo de Anne-Louise-Germaine Necker.

☞ Su actitud intelectual y su producción literaria fueron fundamentales para el desarrollo del romanticismo francés.

OBRAS: Difundió en Francia el Romanticismo alemán a través de su obra *Sobre Alemania.*

– *De la literatura, considerada en sus relaciones con las instituciones sociales.* Sobre la importancia de la literatura posterior a la Revolución Francesa.
– *Corinna* o *Italia,* novela sentimental con influencias de Rousseau.

FRANÇOIS RENÉ, VIZCONDE DE CHATEAUBRIAND
(Saint-Malo, 1768-París, 1848)

☞ Recibió un fuerte influjo del Romanticismo inglés.
☞ Chateaubriand renovó la poesía, la narración, la crítica y el sentimiento religioso de su tiempo.

OBRAS:
– *El genio del Cristianismo,* su obra capital, combate las posiciones antirreligiosas vigentes en su tiempo.
– *Atala* y *El último Abencerraje* (novelas).
– *Los mártires* (poemas en prosa).

ALPHONSE DE LAMARTINE
(Mâcon, 1790-París, 1869)

☞ Se convirtió en uno de los principales oradores políticos de su época y ocupó un lugar privilegiado entre los poetas franceses.
☞ Dos notas destacan de Lamartine: la exquisita dulzura y la gran armonía de sus versos.

OBRAS:
– Poéticas: *Armonías poéticas y religiosas, La caída de un ángel, Jocelyn.*
– Novelas sentimentales: *Graziella* y *Rafael.*

VICTOR HUGO
(Besançon, 1802-París, 1885)

☞ El escritor más importante del Romanticismo francés.
☞ Su rasgo más notable es su imaginación, increíblemente rica y poderosa. Poseía, además, un dominio perfecto del idioma y del verso.

OBRAS:

- Obras poéticas:
  - *Odas y baladas, Las Contemplaciones, La leyenda de los siglos,* constituyen la mejor poesía romántica francesa.
- Obras dramáticas:
  - *Cromwell,* el primer drama histórico romántico.
  - *Hernani,* drama con el que el movimiento romántico logra su consagración.
  - *Ruy Blas, El rey se divierte, Los burgraves.*
- Novela: Fue el de novelista el aspecto más popular
  - *Nuestra Señora de París.*
  - *Los miserables.*
  - *Los trabajadores del mar.*

CHARLES BAUDELAIRE
(París, 1821-íd., 1867)

☞ Maestro de gran parte de la poesía contemporánea, pertenece al grupo de poetas parnasianos y simbolistas.

☞ Su poesía se caracteriza por la perfección de su estilo y por la precisión, casi matemática, de sus metáforas.

OBRAS: *Las flores del mal, Los pequeños poemas en prosa, Los paraísos artificiales.*

PAUL VERLAINE
(Metz, 1844-París, 1896)

☞ Como poeta fue el lírico más extraordinario de su tiempo. Ejerció gran influencia. Rubén Darío le llamó «padre y maestro mágico».

OBRAS: *Fiestas galantes, Poemas Saturnianos, Romanzas sin palabras.*

ARTHUR RIMBAUD
(Charleville, 1854-Marsella, 1891)

☞ Genio precoz y espíritu violento, pasó por la literatura como un meteoro (falleció a los treinta y siete años).

OBRAS: *Iluminaciones* y *Una temporada en el infierno,* de rara y magnífica perfección, poseen atrevidas imágenes, a menudo ininteligibles.

STENDHAL
Marie-Henri Beyle
(Grenoble, 1783-París, 1842)

☞ Su mérito como novelista radica especialmente en el estudio psicológico de sus personajes.

☞ Aunque fundamentalmente romántica, su obra anticipa el realismo y psicologismo de la primera mitad del XX.

Sus grandes novelas:

- *La cartuja de Parma,* con recuerdos de su vida militar.
- *Rojo y negro,* en la que cuenta la vida del cínico y aventurero Julian Sorel. Considerada por la crítica como la iniciadora de la novela realista.

HONORÉ DE BALZAC
(Tours, 1799-París, 1850)

☞ De gran capacidad imaginativa. Retrata toda una sociedad movida por el dinero.

☞ Minucioso y detallista en sus descripciones.

OBRAS: *La Comedia humana,* también llamada *Estudios de costumbres del siglo XIX,* compuesta por: *Escenas de la vida privada, Escenas de la vida en provincias, Escenas de la vida militar, Escenas de la vida en el campo, Escenas de la vida parisina* y *Escenas de la vida política* (inacabada). Entre las novelas que constituyen estas series deben recordarse:

- *Eugenia Grandet.*
- *La piel de zapa.*
- *La mujer de treinta años.*

GUSTAVE FLAUBERT
(Rouen, 1821-Croisset, 1880)

☞ Su obra se distingue por la depuración estilística y el gran cuidado en al acopio de datos.

☞ Cultivó una prosa impersonal, de extrema objetividad, en la que el autor no interviene en la narración.

📚 Es autor de la novela más representativa del realismo francés: *Madame Bovary.*

📚 Otras obras suyas son: *Salambó* o *La educación sentimental.*

ÉMILE ZOLA
(París, 1840-íd., 1902)

☞ Es el representante más destacado del naturalismo.

☞ Defendió ardientemente la revisión del caso Dreyfus con su artículo *J'accuse.*

☞ Pretendió desarrollar la llamada novela experimental, para trasladar a la literatura el método experimental.

📚 **OBRAS**:

- Alcanzó notoriedad con la serie *Los Rougon-Macquart,* en la que describe la vida de una familia francesa durante el Segundo Imperio. Entre los veinte volúmenes que componen la serie destacan *El vientre de París*, *La taberna* y *Germinal.*
- Posteriormente publicó la trilogía *Las tres ciudades (Londres, Roma, París).*
- De su último proyecto, *Los cuatro evangelios,* sólo se publicaron *Fecundidad, Trabajo* y *Verdad.*

4.2. ESCRITORES ITALIANOS EN EL SIGLO XIX

ALESSANDRO MANZONI
(Milán, 1785-íd., 1873)

☞ Es la figura de mayor relieve en esta época en Italia.

☞ Poeta religioso en sus *Himnos sacros.*

📚 Autor de la magnífica novela *Los novios,* que refleja el ambiente de Milán en el siglo XVII, durante al ocupación española.

4.3. ESCRITORES INGLESES EN EL SIGLO XIX

LORD BYRON
George Gordon
(Londres, 1788-Missolonghi, 1824)

☞ Lírico extraordinario. Su obra influyó enormemente en los poetas europeos.
☞ Su poesía, exaltada y llena de pasión, posee magistrales calidades.
OBRAS:
- *Peregrinación de Childe Harold,* viajes de este personaje por España, Suiza e Italia, con admirables evocaciones de paisaje e historia.
- *El corsario, El infiel, La desposada de Abydos.*
- *Caín,* de índole filosófica.
- *Don Juan,* extenso poema inconcluso estimado como su obra maestra.

PERCY BYSSE SHELLEY
(Field Place, 1792-Golfo de Spezzia, 1822)

☞ Pese a su prematura muerte, ha dejado una producción poética abundante y de gran calidad.
☞ Escribió los poemas líricos de mayor pureza y perfección de la lengua inglesa.
Poemas:
- *Alastor.*
- *A la noche.*
- *Adonais,* en que canta a la muerte de Keats.
- *Oda al viento del Oeste,* quizá su obra principal.

JOHN KEATS
(Londres, 1795-Roma, 1821)

☞ En su poesía resalta un culto purísimo a la belleza y al arte.
☞ Sus poemas líricos se recrean en el mundo griego y los temas románticos.
Poemas:
- *Endymión,* alegórico, de inspiración griega.

– *La hermosa dama sin piedad,* de asunto medieval.
– *Oda a una urna griega,* del que se ha dicho que es perfecto como una escultura griega.

WALTER SCOTT
(Edimburgo, 1771-Godshill, 1832)

☞ Creador de un género representativo del Romanticismo, la novela histórica.

📚 Es *Ivanhoe* su obra maestra, y *Quintín Durward* reconstruye la vida caballeresca de la Escocia medieval.

CHARLES DICKENS
(Portsmouth, 1812-Godshill, 1870)

☞ Máximo representante de la novela realista inglesa.

☞ Dickens es un maestro en la construcción de narraciones cuyos protagonistas son niños. Creador de caracteres de tendencia moralizante y de gran influjo en la novela europea.

📚 **OBRAS**:
– *Tiempos difíciles.*
– *Almacén de antigüedades.*
– *Los papeles póstumos de Club Pickwick.*
– *David Copperfield.*
– *Cuento de Navidad.*
– *Oliver Twist.*

ROBERT LOUIS STEVENSON
(Edimburgo, 1850-Vailima, Samoa 1894)

☞ Novelista, ensayista y poeta escocés, algunas de cuyas obras se han convertido en clásicos de la literatura infantil.

☞ La popularidad de Stevenson se basó fundamentalmente en los emocionantes argumentos de sus novelas fantásticas y de aventuras.

OBRAS:

- *La isla del tesoro* (1881).
- *La flecha negra* (1881).
- *El extraño caso del Dr. Jekyll y Mr. Hyde* (1886).
- *El señor de Ballantrae* (1889).

La isla del tesoro

- Considerada la novela de aventuras por excelencia. A pesar de haber sido escrita a finales del siglo XIX, hoy en día continúa suscitando el interés de lectores de todas las edades.
- El magistral manejo del argumento, de la estructura, del método de narración y la brillantez del estilo, la técnica y la elegancia de esta novela convirtieron a Stevenson en uno de los escritores más célebres de su época.
- En un pueblecito marítimo de Inglaterra vive Jim Hawkins y su madre, la propietaria de la posada «El almirante Benbow». Tras la muerte de un misterioso huésped, Jim y su madre descubren entre sus pertenencias el mapa del tesoro del capitán Flint, un famoso pirata. Junto al noble Trelawney y el doctor Livesey, que organizan la expedición, Jim se embarcará en la *Hispaniola* rumbo a la isla donde se encuentra el codiciado tesoro.

4.4. ESCRITORES ALEMANES EN EL SIGLO XIX

FRIEDRICH HÖLDERLIN

(Lauffen, 1770-Tubinga, 1843)

Autor de uno de los más bellos poemas alemanes, *Archipiélago,* que refleja su hondo amor a Grecia.

HEINRICH HEINE

(Düsseldorf, 1797-París, 1856)

El mejor poeta del romanticismo alemán. De espíritu agudo y mordaz.

Su obra poética ofrece una extraña mezcla de melancolía y sarcasmo. Dos de sus mejores composiciones son el *Libro de Canciones* y *Mar del Norte,* la obra cumbre de Heine, el poema más hermoso que se ha escrito sobre el mar.

☞ Heine, es, con Goethe, el máximo lírico alemán.

ERNST HOFFMANN
(Könisberg, 1776-Berlín, 1822)

☞ Gran novelista y cuentista es el maestro de la prosa romántica alemana.

Sus *Cuentos,* los cuentos de Hoffmann, son famosos universalmente. En ellos crea una atmósfera de pesadilla, tocando temas como el desdoblamiento de personalidad, la locura y el mundo de los sueños.

4.5. ESCRITORES RUSOS EN EL SIGLO XIX

ALEXANDR PUSHKIN
(Moscú, 1799-San Petersburgo, 1837)

☞ Su ingenio desbordante le llevó a cultivar los más diversos géneros: leyendas, poemas, novelas, dramas.

OBRAS:

- Poemas: *El prisionero del Cáucaso, Los zíngaros, El caballero de bronce,* obra maestra que versa sobre la estatua de Pedro el Grande.
- Novela: *La hija del capitán, El bandido.*
- Dramas: *Boris Godunov.*

NIKOLÁI VASÍLIEVICH GÓGOL
(Sorochintzi, 1809-Moscú, 1852)

☞ Se le considera como el precursor de los grandes novelistas rusos y el padre del realismo ruso.

OBRAS: *Almas muertas,* su gran obra, *Taras Bulba,* novela de carácter histórico.

IVÁN SERGUÉIEVICH TURGUÉNIEV
(Orel, 1818-Bougival, 1886)

☞ Un artículo dedicado a Gógol, considerado subversivo por el gobierno, le valió el destierro a sus propiedades.

☞ Su vida estuvo marcada por su pasión hacia la cantante de ópera Pauline Viardot

☞ Autor de una vasta obra dramática y narrativa en la que describe la sociedad rusa del siglo XIX.

OBRAS:

- Se consagró con la recopilación de cuentos *Relatos de un cazador*.
- Escribió además las novelas *Rudina*, *Nido de nobles*, *Padres e hijos*.
- Las piezas teatrales *Panes ajenos*, *El soltero* y *Un mes en el campo*.
- En el campo de la poesía publicó *Poemas en prosa*.

FEDOR DOSTOIEVSKI
(Moscú, 1821-San Petersburgo, 1881)

☞ Su gran mérito radica en sus cualidades de psicólogo y en su acción creadora de personajes.

☞ Se critica al novelista ruso la confusión de ideas y el estilo difuso de su narración.

☞ Cristianismo personal.

☞ Gran amor por lo ruso y la humanidad.

Entre sus novelas más famosas destacan:

- *Recuerdos de la casa de los muertos*.
- *El idiota*.
- *Crimen y castigo*.
- *Los hermanos Karamazov*.

LEV TOLSTOI
(Yasnaia Poliana, 1828-Astapovo, 1910)

☞ Su ideología se halla impregnada de un humanitarismo idealista. Estilo sencillo.

☞ La fuerza de su obra reside en el carácter moral y la tesis de que el ser humano debe vivir de acuerdo con su conciencia.

Entre sus novelas destacan:

- *Los cosacos.*
- *Guerra y paz.*
- *Resurrección.*
- *Ana Karenina.*

ANTON CHEJOV
(Taganrog, 1860-Badenweiler, 1904)

☞ Estudió medicina en Moscú, carrera que ejerció durante un breve periodo antes de dedicarse por completo a la literatura.

☞ Dignificó en Rusia el género del cuento y la novela corta, considerados hasta entonces un género menor.

☞ También destacó como autor teatral.

☞ Su obra, provista de una gran intuición psicológica y llena de humor y pesimismo, refleja la decadencia de la aristocracia rural rusa.

OBRAS:

- Entre su producción dramática destacan *La gaviota, El tío Vania* y *El jardín de los cerezos.*
- En el campo de la narrativa, figuran *La estepa,* relato con el que se consagró, *El pabellón número seis, La isla de Sajalín* y *Los campesinos.*

5. ESCRITORES NORTEAMERICANOS REPRESENTATIVOS DEL SIGLO XIX

POESÍA	PROSA
Edgar Allan Poe (y relato corto). Walt Whitman.	James Fenimore Cooper. Herman Melville. Henry James.

JAMES FENIMORE COOPER
(Burlington, 1789-Cooperstown, 1851)

☞ Hijo de un rico colono, estuvo en contacto con la naturaleza, lo que le sirvió de inspiración para sus novelas.

OBRAS:

- *Precaución* (1820), fue un fracaso, pero triunfó con las siguientes.
- *Los pioneros* (1823), *El último mohicano* (1826) y *La pradera* (1827), aventuras que tratan el tema de los colonizadores norteamericanos y los indios.
- *El piloto* (1824) y *El corsario escarlata* (1828), de tema marinero.

EDGAR ALLAN POE
(Boston, 1809-Baltimore, 1849)

☞ Conocido como el primer maestro del relato corto, en especial de terror y misterio.

☞ Su obra poética refleja la influencia de poetas ingleses.

➪ Poesía:
- *Tamerlán y otros poemas,* su primera publicación.
- *El cuervo.*
- *Annabel Lee,* elegía a la muerte de una hermosa joven.

➪ Cuentos:
- *El escarabajo de oro,* quizá el más famoso.
- *Los crímenes de la calle Morgue.*
- *El misterio de Marie Rogêt* y *La carta robada* están considerados como los predecesores de la moderna novela de misterio o policiaca.

WALT WHITMAN
(Long Island, 1819-Camden, 1892)

☞ Poeta estadounidense cuya obra afirma claramente la importancia y la unicidad de todos los seres humanos.

☞ Rompe con la poética tradicional, tanto en el plano de los contenidos como en el del estilo.

OBRAS:
- *Hojas de hierba,* innova con un tipo de versificación no usado hasta entonces.

HERMAN MELVILLE
(Nueva York, 1819-íd., 1891)

☞ Su exploración de los temas psicológicos y metafísicos influyó en las preocupaciones literarias del siglo XX.

OBRAS:

– Sus cinco primeras novelas alcanzaron rápidamente una gran popularidad: *Taipi, Omoo* y *Mardi y un viaje más allá, Redburn* y *La guerrera blanca.*

– *Moby Dick o la ballena blanca,* su obra maestra.

Moby Dick o la ballena blanca

- La ambigüedad con la que se juzgan el bien y el mal hace de esta novela una heredera de la *Odisea* de Homero e incluso de *La Divina Comedia* de Dante.
- Cuando se publicó no fue un éxito comercial, sin embargo hoy en día está considerada una de las mejores novelas de la literatura.
- El **ARGUMENTO** se centra en el conflicto entre el capitán Ahab, patrón ballenero, y una gran ballena blanca que le arrancó las piernas al capitán a la altura de la rodilla. Ahab, ávido de venganza, se lanza con toda su tripulación a una desesperada búsqueda de su enemigo, arrastrando a la muerte inútil a muchos inocentes.

HENRY JAMES

(Nueva York, 1893-Londres, 1916)

☞ Al final de su vida adoptó la nacionalidad británica.

☞ En su obra narrativa, enraizada en la tradición británica, abordó las contradicciones entre la cultura europea y americana.

☞ Sus novelas no fueron valoradas por la crítica hasta mediados del siglo XX.

☞ Hizo gala de un extraordinario dominio de la narración indirecta y del llamado punto de vista objetivo.

OBRAS:

– En un primer periodo analizó en sus obras la influencia estadounidense sobre la sociedad europea: *El americano, Washington Square, Retrato de una dama.*

– Posteriormente, el foco de atención se centró en las relaciones individuo-sociedad: *Los bostonianos, Los papeles de Aspern, La musa trágica.*

– Novelas como *Los despojos de Poynton, Las alas de la paloma* o *La copa de oro* son ejemplos significativos de un tercer periodo en su obra narrativa.

El siglo XX

1. ESPAÑA

ESCRITORES ESPAÑOLES DEL SIGLO XX			
	POESÍA	**PROSA**	**TEATRO**
Modernismo y Generación del 98	Rubén Darío Antonio Machado	Pío Baroja Miguel de Unamuno Azorín Ramiro de Maeztu Ramón Menéndez Pidal	Ramón María del Valle-Inclán Jacinto Benavente
Generación de 1914 Novecentismo Vanguardismo	Juan Ramón Jiménez	Gabriel Miró José Ortega y Gasset Eugenio d'Ors Ramón Gómez de la Serna	
Generación del 27	Pedro Salinas Vicente Aleixandre Claudio Guillén Federico García Lorca Gerardo Diego Dámaso Alonso Luis Cernuda Rafael Alberti Miguel Hernández		
Literatura posterior a la Guerra Civil	Blas de Otero Luis Rosales José Hierro Jaime Gil de Biedma	Camilo José Cela Miguel Delibes Luis Martín Santos	Enrique Jardiel Poncela Miguel Mihura Antonio Buero Vallejo

1.1. MODERNISMO

MODERNISMO **✓ Rubén Darío** **✓ Manuel Machado**	➪ Movimiento artístico general de los países hispánicos introducido en España por Rubén Darío. ➪ Sus fines son preferentemente estéticos: tratan de crear una poesía musical y adoptan una temática verdaderamente lírica. ➪ Emplean el verso libre y un lenguaje extraordinariamente rico y exquisito.

RUBÉN DARÍO

(Ciudad Darío, Nicaragua, 1867-León, 1916)

☞ Su nombre completo era Félix Rubén García Sarmiento.

☞ Se estudia dentro de la literatura española por su importancia e influencia en lo modernistas españoles. Marca una nueva etapa en el modernismo español como Garcilaso o Góngora lo hicieron en su tiempo.

☞ Prácticamente renovó la lengua literaria española. Aportó a la poesía combinaciones métricas de admirable sonoridad y enriqueció el lenguaje con abundantes neologismos y fastuosas metáforas.

OBRAS:

- *Azul,* su primer libro, mezcla de cuentos y poemas.
- *Prosas profanas,* representa la obra definitiva modernista.
- *Cantos de vida y esperanza,* su consagración definitiva.
- *Nocturno.*
- *El canto errante.*

MANUEL MACHADO

(Sevilla, 1874-Madrid, 1947)

☞ Hermano de Antonio Machado, como él se formó en el Instituto Libre de Enseñanza.

☞ Sus primeras obras se inscriben por completo en la estética modernista.

☞ Junto a su hermano Antonio, trató de renovar los contenidos del drama en verso

☞ Ingresó en la Real Academia en 1938.

OBRAS:

- Sus primeros poemarios, *Alma, Caprichos,* son modernistas.
- Posteriormente, sus obras adoptaron un tono más coloquial e intimista: *Lo cantares, Apolo, El cante hondo, Ars Moriendi.*
- Escribió además la novela *El amor y la muerte* y las obras teatrales *Juan d Mañara, La prima Fernanda, La duquesa de Benamejí* y *La Lola se va a lo puertos,* su mayor éxito.

1.2. GENERACIÓN DEL 98

GENERACIÓN DEL 98 ✓ **Miguel de Unamuno** ✓ **Ramiro de Maeztu** ✓ **Azorín** ✓ **Pío Baroja** ✓ **Antonio Machado** ✓ **Ramón del Valle-Inclán** ✓ **Jacinto Benavente** ✓ **Ramón Menéndez Pidal**	➩ Ante la decadencia española (desastre militar del 98 y pérdida de las últimas colonias, Cuba y Filipinas) surgió una protesta contra los hábitos de la sociedad española. ➩ Los escritores se guiaron por un idealismo patriótico y adoptaron una actitud de análisis crítico de los problemas humanos. ➩ NOTAS DISTINTIVAS DE ESTA GENERACIÓN: – pesimismo nacional; – la europeización de España; – la sobriedad estilística y el autodidactismo. ➩ Notable precursor de este movimiento literario por su actitud crítica, fue el granadino Ángel Ganivet.

MIGUEL DE UNAMUNO
(Bilbao, 1864-Salamanca, 1936)

☞ Catedrático y rector de la Universidad de Salamanca.

☞ La solidez, profundidad y originalidad de su pensamiento, expresado con un lenguaje diáfano, a la vez que lírico, y por un vivo y atormentado sentimiento místico, hicieron de él la personalidad humanística de su época.

☞ Cultivó todos los géneros literarios con singular maestría. En todos reflejó sus preocupaciones patrióticas, filosóficas y religiosas.

OBRAS:

➩ Poesía:
- *El Cristo de Velázquez,* poema en el que vierte sus anhelos de modernidad.
- *Rimas de dentro.*
- *Romancero del destierro.*

➩ Novela: Un rasgo característico de sus novelas es la ausencia del «paisaje» descriptivo.
- *Niebla.*
- *Paz en la guerra.*
- *Amor y pedagogía.*
- *La tía Tula.*

➪ Teatro:
– *Raquel encadenada.*
– *Soledad.*
➪ Ensayos filosóficos:
– *Del sentimiento trágico de la vida.*
– *La agonía del cristianismo.*
– *Vida de don Quijote y Sancho.*

RAMIRO DE MAEZTU
(Vitoria, 1875-Madrid, 1936)

☞ Presenta Maeztu, dentro de su generación, una faz completamente optimista acerca del pasado y el futuro de España.

OBRAS:
– *Don Quijote, don Juan y la Celestina,* excelente conjunto de ensayos literarios.
– *Defensa de la Hispanidad,* canto optimista a la obra civilizadora de España.

AZORÍN
José Martínez Ruiz
(Monóvar, 1873-Alicante, 1967)

☞ En sus primeros trabajos utilizó los seudónimos de *Cándido* y Ahrimán.
☞ Es uno de los estilistas más representativos de la Generación del 98.
☞ Escritor con frases de estructura muy simple, produciendo un efecto de sencillez y naturalidad.
☞ Junto a Baroja y Maeztu, llamados «los Tres», darán pie a la formación de la generación del 98.

OBRAS:
➪ Crítica literaria:
– *Clásicos y modernos.*
– *Rivas y Larra.*
➪ Ensayo:
– *Los pueblos.*
– *Alma castellana.*
– *La ruta de Don Quijote.*

➪ Novelas:
- *Antonio Azorín.*
- *Don Juan.*
- *Doña Inés.*

➪ Teatro:
- *Old Spain.*
- *Brandy, mucho brandy* y *Lo invisible.*

PÍO BAROJA Y NESSI

(San Sebastián, 1872-Madrid, 1956)

☞ Es el novelista más importante de su generación por sus dotes de narrador y su aliento creador.

☞ Continúa, en cierta medida, la tradición galdosiana: la novela de acción amplia rica de personajes, de ambiente y problemática urbanos.

OBRAS:

➪ Una buena parte de sus obras se agrupan en trilogías:
- *La lucha por la vida,* formada por *La busca, Mala hierba* y *Aurora roja.*
- *Tierra vasca: La casa de Aizgorri, El mayorazgo de Labraz* y *Zalacaín el aventurero.*
- *La raza: La dama errante, La ciudad de la niebla* y *El árbol de la ciencia.*

➪ Otros títulos:
- *Camino de perfección.*
- *Las inquietudes de Shanti Andía.*
- Veintidós novelas que compone la serie titulada *Memorias de un hombre de acción* (1913-1935), cuyo protagonista histórico, Eugenio Aviraneta, es un guerrillero, conspirador e intrigante que vivió en el siglo XIX.

ANTONIO MACHADO

(Sevilla, 1875-Colliure, 1939)

☞ Estudió en la Institución Libre de Enseñanza.

☞ Uno de los poetas de más hondo lirismo de la poesía contemporánea.

En su **OBRA** podemos distinguir varias etapas:

- 1.ª De influjo modernista: *Soledades,* su primer libro.
- 2.ª La postmodernista: *Soledades, galerías y otros poemas,* en esta obra (la dos últimas partes) estamos ante el poeta del paisaje castellano.
- 3.ª En la que se revela el espíritu de la Generación del 98. Su obra más lo grada es *Campos de Castilla,* a este libro pertenecen, entre otros, lo poemas *A orillas del Duero, Las encinas* y la serie de romances *La tierr de Alvargonzález.*
- 4.ª Su última época, a ella corresponden *Nuevas canciones,* que entronca co la poesía popular.

La obra de Machado no es muy extensa. Su poesía rehúye la retórica, es ho da, sentida y sincera, evocadora de tiempos pasados y paisajes vividos.

RAMÓN MARÍA DEL VALLE-INCLÁN

(Villanueva de Arosa, Pontevedra, 1869-Santiago de Compostela, 1936)

☞ Frecuentó los círculos bohemios y se relacionó con la corriente modernist

☞ La amplia producción de Valle-Inclán abarca todos los géneros.

☞ Es el prosista más elegante del modernismo. Utiliza una prosa rítmica, rica e efectos sensoriales, elegante, bellísima.

☞ Considerado como la máxima figura del teatro español de los tres últimos s glos y como un dramaturgo que se anticipó a nuevas tendencias del teatro españo

☞ Creador del *esperpento* con el que Valle-Inclán designa a sus obras dramátic que se basan en una deformación o degradación expresionista de la realidad.

OBRAS:

- Poéticas:
  - *Aromas de leyenda.*
  - *El pasajero.*
  - *La pipa de Kif.*
- Novelas:
  - *Sonatas (Primavera, Estío, Otoño, Invierno).*
  - *Los cruzados de la causa, El resplandor de la hoguera* y *Gerifaltes de an taño,* forman la trilogía titulada *La guerra Carlista.*
  - *Farsa y licencia de la reina castiza.*

– *El ruedo ibérico,* ciclo narrativo formado por *La corte de los milagros, Viva mi dueño* y *Baza de espadas.*
– *Tirano Banderas* (la vida de un dictador americano), su obra maestra.

➪ Teatro:
– *El Marqués de Bradomín.*
– *La Marquesa Rosalinda.*
– *Divinas Palabras.*
– *Luces de Bohemia*

JACINTO BENAVENTE
(Madrid, 1866-íd., 1954)

☞ Siguió una línea de objetividad costumbrista.

☞ Reacciona contra el teatro de Echegaray, oponiendo al énfasis declamatorio de ste unos problemas sencillos y un diálogo urbano, comedido e ingenioso.

☞ Benavente, ingenio agudo y burlón, maneja la sátira social con una suma deseza; pero jamás se compromete en una postura extrema.

☞ Obtuvo el premio Nobel en 1922.

OBRAS:
– *Los intereses creados,* con la que logró un gran éxito.
– *Señora ama.*
– *La malquerida,* de fuerte contenido dramático.

RAMÓN MENÉNDEZ PIDAL
(La Coruña, 1869-Madrid, 1968)

☞ Fue miembro de la Academia de la Historia y presidente de la Real Academia spañola.

☞ Aunque no cultivó la literatura de creación, ciertos aspectos de su pensamiento de su obra de historiador lo unen al grupo de la Generación del 98: su ideología ıropeísta y su entrañable amor a Castilla y a lo castellano.

OBRAS:
– *Orígenes del español: Historia de la lengua española.*
– *La España del Cid.*

– *Poesía árabe y poesía europea.*
– *Manual de gramática histórica española.*
– *Poesías juglarescas y juglares.*
– *Cantar de Mio Cid, texto, gramática y vocabulario.*

1.3. GENERACIÓN DE 1914. NOVECENTISMO Y VANGUARDISMO

NOVECENTISMO ✓ **Juan Ramón Jiménez** ✓ **José Ortega y Gasset** ✓ **Gabriel Miró** ✓ **Eugenio d'Ors**	➪ Movimiento español de renovación cultural, artística y literaria que se extendió aproximadamente desde 1906 a 1923. ➪ Se caracteriza por la superación de los movimientos modernistas al abandonar la pompa decorativa. Adoptó una postura ante España menos dramática y casticista que la adoptada por los miembros de la generación del 98. ➪ Refinamiento y exquisitez del estilo, deseo de la perfección, de la «obra bien hecha».
VANGUARDISMO ✓ **Ramón Gómez de la Serna**	➪ Movimiento que se desarrolla en España y en toda Europa. ➪ Algunos se distinguieron por lo que se ha llamado «irracionalismo poético», caracterizado por la novedad y la audacia de las imágenes. ➪ El movimiento de vanguardia más importante fue el Surrealismo.

JUAN RAMÓN JIMÉNEZ

(Palos de Moguer, 1881-San Juan, Puerto Rico, 1958)

☞ De constitución enfermiza, vivió inmenso en un universo artístico personal atípico.

☞ Su trayectoria poética fue de una excepcional inquietud renovadora.

☞ Su obra es un compendio o avanzada de medio siglo de poesía española: po[illegible] romanticismo, modernismo, poesía pura.

☞ Máximo poeta de la Generación del 14, ejerció gran influencia en los poetas de la Generación del 27.

☞ Premio Nobel de 1956.

OBRAS:

- Época posromántica: *Almas de violeta* y *Arias tristes.*
- Época modernista: Poesía influida grandemente por Rubén Darío.
- *Elegías, La soledad sonora, Platero y yo* (en prosa poética, elegía de un exquisito lirismo).
- Poesía pura: *Diario de un poeta recién casado,* considerada su obra más original.

JOSÉ ORTEGA Y GASSET

(Madrid, 1883-íd., 1955)

☞ Uno de nuestros más influyentes pensadores. Su prosa, brillante y sugestiva, lo convierte en uno de nuestros más notables estilistas.

☞ Fundó y dirigió la *Revista de Occidente,* publicación que difundió las modernas corrientes del pensamiento europeo en España.

Entre sus **OBRAS** más notables destacan:

– *La rebelión de las masas.*
– *España invertebrada.*
– *Meditaciones del Quijote.*
– Sus ensayos están recogidos bajo el título *El espectador.*

GABRIEL MIRÓ

(Alicante, 1879-Madrid, 1930)

☞ Uno de los prosistas modernos más característicos. Evocador de paisajes y recuerdos lejanos.

☞ En sus novelas, más que la trama y personajes, interesan las descripciones que contienen.

OBRAS:

– *El libro de Sigüenza.*
– *Años y leguas.*

– *El obispo leproso.*
– *Figuras de la Pasión del Señor,* su obra maestra.

EUGENIO D'ORS
(Barcelona, 1882-Vilanova i la Geltrú, 1954)

☞ Es considerado el impulsor del Novecentismo.
☞ Destacó como ensayista, crítico de arte, historiador y articulista.
☞ Popularizo el pseudónimo *Xenius,* con el que escribió sus primeras obras en catalán.
☞ En 1927 fue elegido miembro de la Real Academia Española.
OBRAS:
– Dentro de su producción ensayística, destacan *Cúpula y monarquía* y *El secreto de la filosofía*.
– En el campo de la narrativa es notable *La Ben Plantada*.
– Como crítico e historiador escribió *Picasso*, *Lo barroco* y *Teoría de los estilos y espejo de la arquitectura*.

RAMÓN GÓMEZ DE LA SERNA
(Madrid, 1888-Buenos Aires, 1963)

☞ Prosista de enorme fecundidad. Es el maestro de los humoristas actuales.
☞ Creador de la greguería, especie de comparación o metáfora, de gran ingenio.
OBRAS:
⇨ Novela:
– *El torero Caracho.*
– *La viuda blanca y negra.*
– *La mujer de ámbar.*
⇨ Biografía:
– *Azorín.*
– *Mi tía Carolina Coronado.*
– *Don Ramón del Valle-Inclán.*
– *Automoribundia,* su autobiografía.

1.4. GENERACIÓN DEL 27

GENERACIÓN DEL 27	
✓ Federico García Lorca ✓ Rafael Alberti ✓ Pedro Salinas ✓ Jorge Guillén ✓ Gerardo Diego ✓ Dámaso Alonso ✓ Vicente Aleixandre ✓ Luis Cernuda ✓ Miguel Hernández	➪ Se da este nombre a un grupo de escritores cuya obra, preferentemente lírica, cuaja hacia 1927, en que se celebra el tricentenario de la muerte de Góngora. ➪ CARACTERÍSTICAS: – Admiración hacia la poesía de Juan Ramón Jiménez, al que consideran su maestro. – Búsqueda de un lenguaje culto en los clásicos y de formas de la lírica popular, en el Romancero, el Cancionero... – Seguimiento de las vanguardias de moda en ese momento. ➪ La producción literaria de este grupo es considerado como la Nueva Edad de Oro de la lírica española.

FEDERICO GARCÍA LORCA
(Fuente Vaqueros, 1898-Víznar, 1936)

☞ Es el español más universal de las letras contemporáneas.

☞ Conjugó sabiamente tradición y modernidad.

☞ Trató los grandes temas del amor y la muerte con una gran carga simbólica y na aparente sencillez formal.

☞ Su poesía se caracteriza por un lenguaje muy definido: raíz popular, imágenes bundantes y muy elaboradas, riqueza de símbolos.

☞ Su aportación teatral fue muy importante y renovadora; destacando los temas el amor y la muerte y, sobre todo, la esterilidad y la frustración, tratados con hondua y belleza.

OBRAS:

➪ Poesía:

- *Romancero gitano,* que le dio el mayor éxito y popularidad.
- *Poema del cante jondo.*
- *Poeta en Nueva York,* fue una de las mejores obras surrealistas españolas.
- *Llanto por la muerte de Ignacio Sánchez Mejías,* impresionante canto elegíaco dedicado al famoso torero.

➪ Teatro:

- *Mariana Pineda,* drama histórico, su primer gran éxito.

– Tres tragedias de ambiente rural: *Bodas de sangre, Yerma, La casa de Bernarda Alba.*
– *Doña Rosita la soltera o el lenguaje de las flores,* comedia sentimental.
– *La zapatera prodigiosa,* farsa guiñolesca y popular.

RAFAEL ALBERTI
(Puerto de Santa María, 1902-íd., 1999)

☞ Miembro del Partido Comunista de España. Vivió en el exilio desde 1939 hasta 1977.

☞ Cultivó la temática popular, preferentemente la andaluza, aliada con el recuerdo de la lírica castellana del siglo XV y XVI. Su entusiasmo por Góngora le lleva a escribir difíciles poemas de expresión barroca.

☞ Un tema ha atraído principalmente a este poeta: la añoranza por un mundo perdido, sea la mar luminosa de la infancia, sea el sosiego interior, sea la patria.

☞ En su poesía última llegan latidos profundos, bien alejados de sus primeros juegos popularizantes y gongoristas.

☞ Recibió el Premio Nacional de Literatura en 1925 y el premio Cervantes en 1983.

OBRAS:
- Poesía:
  - *Marinero en tierra,* su primer libro de versos.
  - *La amante.*
  - *El alba de alhelí.*
  - *Cal y canto,* escrito en difíciles poemas de expresión barroca.
  - *Sobre los ángeles,* de influjo surrealista.
  - *Retornos de lo vivo lejano.*
- Teatro:
  - *El hombre deshabitado.*
  - *El adefesio.*

PEDRO SALINAS
(Madrid, 1892-Boston, 1951)

☞ Compaginó la creación poética con los estudios literarios. En 1933 fundó la universidad internacional de Santander, que dirigió hasta 1936.

☞ El nombre de Pedro Salinas va asociado a la mejor poesía amorosa de su generación. En este sentido podríamos considerar a Salinas como un continuador de la lírica amorosa de Garcilaso.

OBRAS:

- *La voz a ti debida.*
- *Razón de amor* y *Largo lamento,* que tratan sobre el amor.
- Son valiosos sus estudios sobre Manrique, Rubén Darío y la traducción del *Cantar de Mio Cid* en romance moderno.

JORGE GUILLÉN

(Valladolid, 1893-Málaga, 1984)

☞ Cultiva la llamada poesía pura. En el texto sólo deben quedar el sentimiento y el goce estético.

☞ Fue distinguido con el premio Miguel de Cervantes en 1976.

OBRAS:

- *Cántico,* su primer libro.
- *Clamor,* trilogía formada por *Maremágnum, Que van a dar a la mar* y *A la altura de las circunstancias.*
- *Aire nuestro,* reunión de sus obras completas.

GERARDO DIEGO

(Santander, 1896-Madrid, 1987)

☞ Su poesía se caracteriza por la gran variedad en los temas y en la forma.

☞ Destacó en su obra la creación de abundantes imágenes y el dominio de la técnica.

☞ Recibió el premio Nacional de Literatura de 1925 y el Premio Cervantes en 1979.

OBRAS:

- *El romancero de la novia,* de un cierto modernismo.
- *Imagen,* de experimentación vanguardista.
- *Soria.*
- *Versos humanos.*
- *Versos divinos.*

DÁMASO ALONSO
(Madrid, 1898-íd., 1990)

☞ Dámaso Alonso no ha sido un poeta tan prolífico como sus compañeros de generación. Se formó junto a Ramón Menéndez Pidal.

☞ Son muchas sus magistrales publicaciones de Filología y muy importantes sus trabajos sobre poesía española. También destacan sus teorías sobre la Estilística, disciplina y método que introdujo en España.

☞ Fue director de la Real Academia Española.

Su **OBRA** más valorada ha sido *Hijos de la ira,* uno de los libros más meritorios de la lírica española posterior a la Guerra Civil.

VICENTE ALEIXANDRE
(Sevilla, 1898-Madrid, 1984)

☞ Su pasión por la lírica nace de la lectura de Rubén Darío.

☞ Su poesía resulta de difícil acceso por la utilización de procedimientos surrealistas. Fue un maestro en el manejo del verso libre. Premio Nacional de Literatura de 1933 y Nobel de Literatura en 1977.

Sus mejores **OBRAS** son:

- *Ámbito.*
- *Espadas como labios.*
- *La destrucción o el amor.*
- *Nacimiento último.*
- *Diálogos del conocimiento.*

LUIS CERNUDA
(Sevilla, 1904-Ciudad de México, 1963)

☞ Recuerda su poesía a la de los románticos por su actitud apasionada y su espíritu insatisfecho.

☞ En cierta medida, su poesía podría emparentarse con la de Bécquer.

Sus **OBRAS** completas se han publicado bajo el título *La realidad y el dese*

➪ Poesía:

- *Perfil del aire.*
- *Donde habite el olvido.*

– *Como quien espera el alba.*

➪ Prosa:

– *Ocnos.*

– *Tres narraciones.*

MIGUEL HERNÁNDEZ
(Orihuela, 1910-Alicante, 1942)

☞ Lo más llamativo de la poesía de Miguel Hernández es la pasión desbordante : sus composiciones, lejos de postulados vigentes en la lírica de los años veinte.

☞ Presentimientos de muerte, amor y compromiso político-social son los temas edominantes y característicos de su poesía.

OBRAS:

– *Perito en lunas,* de su fase gongorina en la misma línea que las creaciones de la Generación del 27.
– *El rayo que no cesa,* obra intimista y doliente de su triste destino.
– *Viento del pueblo,* denuncia la injusticia y exhorta a la revolución.
– *Cancionero y romancero de ausencias,* en el que canta su tragedia.

1.5. LITERATURA POSTERIOR A LA GUERRA CIVIL. ÚLTIMAS TENDENCIAS

LITERATURA POSTERIOR A LA GUERRA CIVIL	
LTIMAS TENDENCIAS: a literatura de posguerra se inicia pobremente hasta llegar, en el decenio de los años seten-, a un momento de indudable brillantez en todos los géneros, pese a las dificultades mate-ales de realización en que se produce.	
POESÍA	
ias de Otero. uis Rosales. sé Hierro. ime Gil de Biedma.	➪ Unos poetas mantuvieron una postura serena, una visión optimista ante la situación que vivía el país y toda Europa. ➪ Otros buscan tendencias innovadoras en una poesía de fondo existencial, angustiada, disconforme y con un marcado tono social.

TEATRO	
Enrique Jardiel Poncela. Miguel Mihura. Antonio Buero Vallejo.	➪ TEATRO DEL ABSURDO: Mihura intenta un teatro personal de humor que exalte la alegría de vivir. ➪ TEATRO DE REALISMO CRÍTICO: Máximo representante, Antonio Buero Vallejo.
NOVELA	
Camilo José Cela. Ramón J. Sender. Luis Martín Santos. Miguel Delibes.	➪ NEORREALISMO COSTUMBRISTA: Tendencia a la reconstrucción minuciosa de ambientes y acciones. Primeros años de la posguerra. ➪ REALISMO CRÍTICO: Dominio de los temas sociales: denuncia de los mismos, protesta ante las injusticias... Utilización de un lenguaje sencillo y un enfoque realista y objetivo. ➪ OTRAS TENDENCIAS: Hacia el año 1960, se inicia un camino de experimentación. Preocupación por la búsqueda de nuevas formas y renovación del lenguaje.

BLAS DE OTERO
(Bilbao, 1916-Madrid, 1979)

☞ Blas de Otero fue exclusivamente poeta, y por su trayectoria resume la poe española de su tiempo.

☞ Su poesía pretende encarnar sentimientos y anhelos colectivos.

☞ Aunó conciencia ética y rigor estético.

Sus **OBRAS** poéticas más importantes son:

- *Cántico espiritual.*
- *Rebelde de conciencia.*
- *Ángel fieramente humano.*
- *Pido la paz y la palabra.*

LUIS ROSALES
(Granada, 1910-Madrid, 1992)

☞ Miembro de la generación del 36, defendió la poesía independiente de las v guardias.

☞ En versículos o en formas clásicas, desarrolló una honda temática última y ligiosa.

OBRAS:
- *La casa encendida.*
- *Rimas.*

JOSÉ HIERRO
(Madrid, 1922)

☞ Perteneció a la llamada generación de la posguerra.

☞ Aunque ha compartido diversas preocupaciones de su tiempo, existenciales y ›ciales, se ha situado siempre al margen de la moda.

☞ Ha recibido el premio Príncipe de Asturias de las Letras (1981) y el premio ervantes (1999).

OBRAS: *Cuanto sé de mí* y *Antología poética* son los títulos que recogen su ›ra, muy variada en temas y formas.

JAIME GIL DE BIEDMA
(Barcelona, 1929-íd., 1990)

☞ Fue uno de los principales miembros de la llamada Escuela de Barcelona. Ha fluido en la poesía española contemporánea.

☞ Le caracterizan, entre otras cosas, su obsesión por el amor y el paso del tiempo y utilización de un lenguaje de tono coloquial empañado a veces de contenida emoción.

OBRAS:
- *Compañeros de viaje.*
- *Moralidades.*
- *Poemas póstumos,* donde se nos muestra a un hombre angustiado por el avance de la vejez.

ENRIQUE JARDIEL PONCELA
(Madrid, 1901-íd., 1952)

☞ Renovó el humor de su país del que es maestro indiscutible.

☞ Residió temporalmente en Estados Unidos, adonde acudió con otros humoris-s españoles a trabajar como guionista de cine en Hollywood.

☞ Se opuso al antiguo humorismo hispano —costumbrista y sentimental—, practicó un humor inverosímil.

OBRAS:

– *Angelina o el honor de un brigadier.*
– *Eloísa está debajo de un almendro.*

MIGUEL MIHURA
(Madrid, 1905-íd., 1977)

☞ Aunque cultivó el drama, sus verdaderas condiciones de autor se encuentran e sus obras cómicas.

OBRAS:

– *Tres sombreros de copa,* obra maestra del teatro contemporáneo.
– *Maribel y la extraña familia.*

ANTONIO BUERO VALLEJO
(Guadalajara, 1916-Madrid, 2000)

☞ Reconocido como el primer dramaturgo surgido después de 1939 en Españ
☞ Cultivó con predilección los temas dramáticos.
☞ Pertenece a la Real Academia Española desde 1972.
☞ Recibió el Premio Cervantes en 1986.

OBRAS:

– *Historia de una escalera,* significó la aparición del teatro nuevo.
– *El concierto de San Ovidio,* drama histórico.
– *La Fundación,* de contenido social y político.

CAMILO JOSÉ CELA
(Iria Flavia, 1916)

☞ Es considerado un maestro en el género del cuento, la novela breve, los relat de viajes y la novela larga.

☞ En cada texto practica procedimientos narrativos diferentes tales como la fo ma autobiográfica, el objetivismo, la experimentación.

☞ Buen conocedor del castellano, lo utiliza ampliamente.

☞ En 1956 fundó la revista *Papeles de Son Armadans,* en la que recuperó la obra de escritores exiliados y acogió nuevas tendencias literarias.

☞ Recibió el Premio Príncipe de Asturias de las Letras en 1987, el Nobel de Literatura en 1989 y el Cervantes en 1995.

☞ Es académico de la Lengua desde 1957.

OBRAS:

- *La familia de Pascual Duarte,* primer gran acontecimiento de la novelística de posguerra.
- *La colmena,* preludio del realismo social.
- *San Camilo, 1936,* se sitúa en la línea experimental.
- *Madera de boj,* su última novela.
- Libros de viajes: *Viaje a la Alcarria* y *Viaje al Pirineo de Lérida.*

La colmena

- Publicada en 1951 en Buenos Aires.
- Su estructura interna es compleja.
- La acción transcurre en Madrid. No hay un único protagonista.
- Es una novela de final abierto.
- Martín Marco parece tener un especial protagonismo en el devenir de personajes. Refleja el Madrid de la posguerra en poco más de dos días.

RAMÓN J. SENDER

(Alcolea de Cinca, 1902-San Diego, California, 1982)

☞ Combatió en el bando republicano durante la Guerra Civil.

☞ Su obra, de carácter realista, analiza con crudeza la realidad social desde una óptica revolucionaria.

Es autor de:

- *Imán,* una novela sobre la guerra de Marruecos.
- *Mr. Witt en el cantón,* con la que obtuvo el Premio Nacional de Literatura.
- *Crónica del alba,* de carácter autobiográfico.
- *Réquiem por un campesino español.*

– *Carolux Rex,* sobre la figura de Carlos II de España.
– *El bandido adolescente,* sobre el pistolero norteamericano Billy el Niño.
– *La aventura equinocial de Lope de Aguirre,* entre otras muchas.

LUIS MARTÍN SANTOS
(Larache, 1924-Vitoria, 1964)

☞ Abrió el camino de la novela experimental.

📚 En 1962 publica su novela *Tiempo de silencio,* ambicioso intento de descripción tanto de la sociedad como de la cultura españolas de su tiempo. Póstumamente, se reunieron diferentes escritos suyos en *Apólogos* y se publicó su novela inacabada *Tiempo de destrucción.*

MIGUEL DELIBES
(Valladolid, 1920)

☞ Se ha consagrado como uno de los principales novelistas de la posguerra.

☞ Son notables sus dotes de narrador y su capacidad de recoger tipos y ambientes.

☞ Excepcional dominio del idioma en el que destaca la verdad y la riqueza con que recoge el habla de los campesinos castellanos.

☞ En 1947 obtuvo el premio Nadal con su novela *La sombra del ciprés es alargada.*

☞ Ha recibido además el Premio Príncipe de Asturias de las Letras (1982), el Premio Nacional de Literatura (1991) y el premio Cervantes (1993).

☞ Es académico de la Lengua desde 1973.

📚 **OBRAS:**
– *El camino,* su primer gran éxito.
– *Diario de un cazador.*
– *Las ratas,* acaso su obra maestra, en ella combina la crudeza realista y el tono poemático.
– *Cinco horas con Mario,* la novela es un largo monólogo de una mujer ante el cadáver de su marido.
– *El disputado voto del señor Cayo.*
– *Los santos inocentes,* novela ambiciosamente social.
– *El hereje.*

2. EUROPA Y EL CONTINENTE AMERICANO

AUTORES DEL SIGLO XX EN EUROPA Y AMÉRICA			
PROCEDENCIA	**POESÍA**	**PROSA**	**TEATRO**
FRANCIA (escritores en lengua francesa)	Paul Valéry	Marcel Proust Jean-Paul Sartre Albert Camus	Eugène Ionesco Samuel Beckett
ITALIA		Lampedusa Alberto Moravia Italo Calvino	Luigi Pirandello
ALEMANIA (escritores en lengua alemana)	Rainer Maria Rilke	Franz Kafka Hermann Hesse Thomas Mann Günther Grass	Bertolt Brecht
INGLATERRA (escritores en lengua inglesa)		James Joyce Virginia Woolf Aldous Huxley	George Bernard Shaw
RUSIA		Alexandr Solzhenitsyn Boris Pasternak	
PORTUGAL	Fernando Pessoa	José Saramago	
ESTADOS UNIDOS		William Faulkner John Steinbeck Francis Scott Fitzgerald Ernest Hemingway	Eugene O'Neill
HISPANOAMÉRICA	Pablo Neruda Octavio Paz	Jorge Luis Borges Alejo Carpentier Julio Cortázar Juan Rulfo Augusto Roa Bastos Carlos Fuentes Gabriel García Márquez Mario Vargas Llosa	

2.1. FRANCIA (Escritores en lengua francesa)

☞ **POESÍA**: Paul Valéry.
☞ **PROSA**: Marcel Proust, Jean-Paul Sartre, Albert Camus.
☞ **TEATRO**: Eugène Ionesco, Samuel Beckett.

PAUL VALÉRY
(Séte, 1871-París, 1945)

☞ Es el creador de la poesía pura. Recibe de su maestro Mallarmé gran parte de los medios expresivos del simbolismo.

OBRAS: *Charmes,* donde figura su famoso poema *Cementerio marino.*

MARCEL PROUST
(París, 1871-íd., 1922)

☞ Gran novelista francés que enlaza la narrativa del siglo XIX y la del siglo XX.

☞ En sus novelas el autor intenta captar con la palabra la fugacidad del recuerdo. A la vez realiza una penentrante descripción de la sociedad francesa de principios de siglo.

OBRAS: Su obra magna: *En busca del tiempo perdido,* integra un ciclo compuesto por las novelas *Por el camino de Swann, A la sombra de las muchachas en flor, El mundo de Guermantes, Sodoma y Gomorra, La prisionera, La fugitiva* o *La desaparición de Albertine* y *El tiempo recobrado.* Ha sido calificada como la suma de hechos y observaciones, de sensaciones y sentimientos más compleja de la época.

JEAN-PAUL SARTRE
(París, 1905-íd., 1980)

☞ Padre del existencialismo, a lo largo de su vida estuvo comprometido con múltiples causas revolucionarias. Filósofo, dramaturgo y novelista.

☞ El tema central de su obra es el problema de la libertad.

☞ En 1964 se le concedió el premio Nobel, pero se negó a aceptarlo.

OBRAS:

– Novela: *La náusea* es su novela más conocida. En ella un joven expone bajo forma de diario la angustia vital nacida del hecho de que el hombre está «condenado a ser libre».

– Teatro: *Las moscas, A puerta cerrada.*

– Filosofía: *El ser y la nada.*

ALBERT CAMUS

(Mondovi, Argelia, 1913-Villeblevin, 1960)

☞ Es, junto con Jean-Paul Sartre, el máximo exponente del existencialismo.

☞ Escritor de novelas, teatro y ensayos, en todos ellas se tocan cuestiones del existencialismo referentes al sentido de la vida, pero sobre todo se denuncia el dolor humano.

☞ Premio Nobel en 1957.

OBRAS:

➪ Novela: *El extranjero, La peste,* su obra más importante en la que describe el horror de una ciudad sometida a cuarentena.

➪ Teatro: *Calígula, Los justos.*

➪ Ensayo: *El mito de Sísifo.*

EUGÈNE IONESCO

(Slatina, 1912-París, 1984)

☞ Nació en Rumanía y adoptó la nacionalidad francesa.

☞ Comediógrafo innovador. Miembro de la Academia Francesa.

☞ Es el principal representante del teatro del absurdo: planteamiento y lenguajes irracionales, escenas dislocadas. Comprometido con la defensa de la libertad y singularidad humanas.

OBRAS: *Las sillas, La cantante calva, El rinoceronte* (drama en el que se ha visto una alegoría del nazismo).

SAMUEL BECKETT
(Dublín, 1906-París, 1989)

☞ En 1947 adoptó el francés como lengua literaria.

☞ Gran renovador del lenguaje. Principal representante, junto con Ionesco, del teatro del absurdo. Cultivó la novela, el ensayo, el cine y la televisión y destacó como autor dramático.

☞ Premio Nobel en 1969.

OBRAS:

➪ Teatro:
- *Esperando a Godot,* obra que le dio fama internacional. Con gran simplicidad de medios plantea la soledad del hombre y la falta de sentido de su vida.
- *Acto sin palabras, El fin de partida.*

➪ Novela:
- *Malloy, Malone muere* y *El innombrable.*

2.2. ITALIA

☞ **PROSA**: Alberto Moravia, Italo Calvino, Giuseppe Tomasi, Príncipe de Lampedusa.

☞ **TEATRO**: Luigi Pirandello.

ALBERTO MORAVIA
(Roma, 1907-íd., 1990)

☞ Con fina ironía y lenguaje a veces crudo, hizo una crítica despiadada de la sociedad burguesa, dominada por el aburrimiento y el sexo y privada de conciencia moral.

☞ Autor de interesantes reportajes periodísticos.

☞ En sus narraciones imperan la crítica de la burguesía italiana y un estilo desgarrado y sensual.

OBRAS:
- *Cuentos romanos.*
- *El desprecio.*
- *Los indiferentes.*

ITALO CALVINO
(Santiago de las Vegas, Cuba, 1922-Siena, 1985)

☞ Mezcla en su narrativa el realismo y la fantasía, teñida de una gran ironía.

☞ Autor personal y de estilo muy fluido, de gran imaginación, tendente a la alegoría y a la parábola.

OBRAS:

- *Nuestros antepasados,* trilogía compuesta por *El vizconde demediado, El barón rampante* y *El caballero inexistente.*
- *El castillo de los destinos cruzados.*
- *Marcovaldo,* un libro muy distinto a todos sus títulos anteriores.

LUIGI PIRANDELLO
(Agrigento, 1867-Roma, 1936)

☞ Es la figura más importante del teatro italiano del siglo XX.

☞ Renovador brillante y audaz de la dramática y el arte escénico italiano.

☞ Excelente creador tanto en las obras de humor como en la tragedia.

☞ Premio Nobel de Literatura en 1934.

OBRAS:

- Narrativa: *Cuentos para un año de irónica amargura* y la novela *El difunto Matías Pascal.*
- Teatro: *Así es si así os parece, Seis personajes en busca de autor,* su obra más importante, *Enrique IV, O de uno o de nadie, Los gigantes de la montaña.*

GIUSEPPE TOMASI, PRÍNCIPE DE LAMPEDUSA
(Palermo, 1896-Roma, 1957)

☞ Oficial de artillería, se retiró a la vida privada, en parte por su oposición al fascismo.

☞ En vida no publicó ninguna obra. Su única novela, *El gatopardo,* le ha situado entre los grandes escritores del siglo XX.

OBRAS:

- *El gatopardo* fue publicada después de su muerte. Ambientada en Sicilia durante la época del *Risorgimento*, es uno de los ejemplos más notables de la lla-

mada prosa artística. A partir del texto de Lampedusa, el director de cine Luchino Visconti realizó una de sus mejores producciones: *El gatopardo*.
– Posteriormente se publicó otra suya titulada *Relatos*.

2.3. ALEMANIA (Escritores en lengua alemana)

☞ **POESÍA**: Rainer Maria Rilke.
☞ **PROSA**: Franz Kafka, Hermann Hesse, Thomas Mann, Günther Grass.
☞ **TEATRO**: Bertolt Brecht.

RAINER MARIA RILKE
(Praga, 1875-Montreux, 1926)

☞ Es uno de los mayores poetas líricos en lengua alemana, cantor de las pequeñas realidades cotidianas en las que descubre fuerzas extrañas y misteriosas.

OBRAS:
– *El Libro de horas* y *Elegías de Duino* son algunas de sus obras poéticas.
– En prosa escribió *Cartas a un joven poeta,* obra en la que aconseja a un aspirante a escritor, y *Cuadernos de Malte Laurids Brigge.*

FRANZ KAFKA
(Praga, 1883-Kierling, 1924)

☞ Escribió en lengua alemana.
☞ Mantuvo una atormentada relación con su padre, que explicó en *Carta al padre*
☞ Sus novelas de carácter alegórico, presentan un mundo angustioso en el que e individuo se siente oprimido por el miedo a la soledad y el poder.

OBRAS:
– *La metamorfosis,* historia alucinante de un hombre que al despertarse por l mañana se ve convertido en un enorme escarabajo.
– *El proceso,* en la que un hombre es juzgado por un misterioso tribunal de u delito que desconoce.

– *El castillo,* en la que su protagonista debe someterse a la autoridad de los llamados señores del Castillo.

La metamorfosis

- Escrita en 1912.
- Analiza la incomunicación del ser humano marginado.
- Un viajante de comercio llamado Gregor Samsa se despierta una mañana convertido en un insecto. Para evitar el asco que puede provocar a los demás, permanece escondido hasta que, seducido por la música de violín, aparece ante su hermana. Su padre, entonces, le arroja una manzana, que lo hiere y poco después muere. La criada lo arrojará a la basura.

HERMANN HESSE
(Calw, 1877-Montagnola, 1962)

☞ Fue galardonado con el premio Nobel en 1946.

☞ Influido por la filosofía oriental y el psicoanálisis, en todas su obras se vislumbra un fondo místico y la necesidad de la búsqueda de un «yo» que dé sentido a la existencia.

☞ Uno de los temas dominantes en sus primeras obras es el de la opresión del individuo por la masa.

OBRAS:

– *El lobo estepario.*
– *Bajo las ruedas.*
– *El juego de los abalorios.*

THOMAS MANN
(Lübeck, 1875-Zurich, 1955)

☞ Uno de los más famosos novelistas alemanes. Gran conocedor del alma humana.

☞ Utiliza las modernas técnicas narrativas con entrecruzamiento de planos y largas consideraciones filosóficas y morales.

☞ Premio Nobel en 1929.

OBRAS:

- *Los Buddenbrook,* relato de la decadencia de una familia de ricos negociante
- *La muerte en Venecia.*
- *La montaña mágica,* obra de protagonista colectivo ambientada en un san torio para tuberculosos.

BERTOLT BRECHT
(Augsburgo, 1898-Berlín, 1956)

☞ Este dramaturgo alemán fue el impulsor del «Teatro proletario» en su país.

☞ Es también el creador del «teatro épico» de gran influencia en la escena post rior a la Segunda Guerra Mundial, y en el que la acción se desarrolla utilizando l técnicas de distanciamiento. De esta manera, el espectador no se identifiqua con dic acción, sino que reflexiona sobre ella.

OBRAS:

- *La ópera de tres peniques,* le proporcionó fama mundial.
- *Madre Coraje y sus hijos.*
- *El círculo de tiza caucasiano.*
- *Terror y miseria en el Tercer Reich.*

GÜNTHER GRASS
(Danzig, actual Gdansk, 1927)

☞ Su obra constituye una lúcida crítica de la sociedad alemana de la posguer

☞ El principal recurso de sus novelas es la sátira, en la que se mezclan element fantásticos y realistas.

☞ Su producción dramática se inscribe en la corriente del teatro del absurdo.

☞ Fue galardonado con el premio Nobel de Literatura en 1999.

OBRAS:

- Logró renombre internacional con la novela *El tambor de hojalata.*
- Posteriormente, escribió *Años de perro, Diario de un caracol, El rodabal La ratesa* y *Es cuento largo.*
- En su producción dramática figuran *Tío, tío* y *Los malos cocineros.*
- Su última obra, *Mi siglo,* es de carácter autobiográfico.

2.4. INGLATERRA (Escritores en lengua inglesa)

☞ **PROSA**: James Joyce, Virginia Woolf, Aldous Huxley.
☞ **TEATRO**: George Bernard Shaw.

JAMES JOYCE
(Dublín, 1882-Zurich, 1941)

☞ Muy joven se exilió al continente. No obstante, Irlanda, amada y odiada a la vez, ue una obsesión constante en sus novelas.

☞ Marcó un gran cambio en la narrativa moderna y ha ejercido una influencia rascendente en la novelística de nuestro tiempo.

OBRAS:
- *Dublineses,* colección de cuentos.
- *Retrato del artista adolescente,* donde se descubre al novelista revolucionario.
- *Ulises,* donde muestra toda su genialidad.
- *El despertar de Finnegen.*

VIRGINIA WOOLF
(Londres, 1882-Lewes, 1941)

☞ Famosa novelista y ensayista inglesa, cuyas obras narrativas, de estilo cortado impresionista, establecen un lenguaje narrativo en el que se equilibran perfectamente los universos racional e irracional.

☞ Formó parte del grupo de Bloomsbury.

☞ Creó una obra audaz, rica en ideas, sentimientos y sensaciones.

OBRAS:
- *Las olas,* una de las más bellas novelas de este siglo.
- *Noche y día.*
- *Al faro.*
- *Una habitación propia.*

ALDOUS HUXLEY
(Godolming, 1894-Los Ángeles, 1963)

☞ Escritor inglés, recibió una formación académica que luego reflejará en su obras.

☞ Le interesaron la biología, la sociología y la política.

☞ En sus novelas abundan los contenidos ideológicos.

OBRAS:

- *Contrapunto,* donde ensaya la técnica narrativa de presentar acciones que simultáneamente ocurren en lugares distintos.
- *Ciego en Gaza.*
- *Un mundo feliz,* novela de anticipación y crítica social.

GEORGE BERNARD SHAW
(Dublín, 1856-Ayot Sain Lawrence, 1950)

☞ A los veinte años se trasladó a Londres. Se inició como crítico literario artístico y musical, siempre con una punzante ironía y espíritu polémico.

☞ Revolucionó el teatro inglés al desplegar, en sus obras, un gran sentido crítico

☞ Premio Nobel en 1925.

OBRAS:

- *La profesión de la señora Warren.*
- *Pigmalión.*
- *Santa Juana.*

2.5. RUSIA

☞ **PROSA**: Maxim Gorki, Boris Pasternak, Alexandr Solzhenitsyn.

MAXIM GORKI
(Nizhny Novgorod, 1869-Moscú, 1936)

☞ Opuesto a la autocracia zarista, se acercó al bolchevismo y apoyó la Revolución de Octubre.

☞ Es el iniciador del realismo socialista soviético.

☞ Sus obras describen con crudeza la miseria y el sufrimiento de las clases bajas usas.

OBRAS:

- En su producción narrativa destacan *La familia Orlov, Tres hombres, La madre* y *La confesión.*
- Escribió también los dramas *Los burgueses* y *Los bajos fondos.*
- En su obras autobiográficas se manifiestan su gran calidad humana: *Mi infancia, Entre la gente, Mis universidades.*

BORIS PASTERNAK

(Moscú, 1890-Peredelkino, 1960)

☞ El cristianismo esteticista, el simbolismo, su concepción histórica de la insigificancia de muchos de los llamados grandes personajes, sus ideas acerca del arte, on de gran originalidad.

☞ Premio Nobel en 1958.

OBRAS:

- Narrativa: *Doctor Zhivago,* novela profundamente poética, influida por la gran tradición de la narrativa rusa.
- Poética: *El gemelo entre las nubes, Mi hermana la vida, El segundo nacimiento.*

ALEXANDR SOLZHENITSYN

(Rostov del Don, 1918)

☞ Durante la primera parte de su vida vivió inmerso en una sociedad totalitaria. u obra significa una nota de realismo espiritualista y de reacción psicológica ante la poca que le tocó vivir, siendo el de la libertad humana el gran tema dominante.

☞ En 1970 le fue concedido el premio Nobel de Literatura.

OBRAS:

- *Pabellón de cáncer.*
- *Un día en la vida de Iván Denisovich.*
- *Archipiélago Gulag.*

2.6. PORTUGAL

☞ **POESÍA**: Fernando Pessoa.
☞ **PROSA:** José Saramago.

FERNANDO PESSOA
(Lisboa, 1888-íd., 1935)

☞ Maestro de la moderna poesía portuguesa, lírico puro y una de las grandes figuras de la lírica de todos los tiempos.

☞ En sus primeros trabajos acusó la influencia del modernismo, para pasar luego a un tono más intimista.

OBRAS:

- *Poemas escogidos,* en la que se recoge toda su obra.
- *Mensagem,* poema épico, representativo del idealismo exacerbado.
- *El libro del desasosiego.*

JOSÉ SARAMAGO
(Azhinhaga, 1922)

☞ Escéptico e intelectual, mantuvo y mantiene una postura ética y estética por encima de partidismos políticos, comprometida con el género humano.

☞ En 1998 recibió el premio Nobel de Literatura.

OBRAS:

- *Alzado del suelo* fue la novela que le reveló como un gran novelista maduro y renovador.
- *Historia del cerco de Lisboa.*
- *Ensayo sobre la ceguera.*
- *El Evangelio según Jesucristo.*

2.7. ESTADOS UNIDOS

☞ **PROSA**: William Faulkner, John Steinbeck, Francis Scott Fitzgerald, Ernest Hemingway.

☞ **POESÍA**: Eugene O'Neill.

WILLIAM FAULKNER

(New Albany, 1897-Oxford, Mississipi, 1962)

☞ El gran narrador de la sociedad sudista. Una de las innovaciones narrativas de Faulkner es la introducción en sus relatos del monólogo interior y los desplazamientos temporales.

☞ El tema principal en sus obras es el conflicto entre el bien y el mal y el fracaso de intentar retener los esplendores pasados.

☞ Premio Nobel de Literatura en 1949.

OBRAS:

- *¡Absalón, Absalón!*
- *Luz de agosto.*
- *El sonido y la furia.*
- *Santuario.*

JOHN STEINBECK

(Salinas, 1902-Nueva York, 1968)

☞ Uno de los grandes representantes de la novela de los años treinta, por su estilo deliberadamente difícil y por su acusada tendencia realista y social.

☞ Premio Nobel de Literatura en 1962.

OBRAS:

- *Las uvas de la ira.*
- *La perla.*
- *El omnibús perdido.*
- *Al este del Edén.*

FRANCIS SCOTT FITZGERALD

(Saint Paul, 1896-Hollywood, 1940)

☞ El tema fundamental de este autor es el derrumbamiento del «sueño americano» y de los valores que regían la sociedad antes de la Primera Guerra Mundial.

OBRAS:

- *El gran Gatsby,* considerada como una obra clásica de la literatura norteamericana.

– *A este lado Paraíso.*
– *Suave es la noche.*
– *El último magnate.*

ERNEST HEMINGWAY
(Oak Park, 1898-Ketchum, 1961)

☞ Novelista, periodista y viajero.

☞ Su vida fue una constante aventura.

☞ Sus novelas están escritas en un estilo directo, presentando con objetividad un mundo muchas veces conflictivo.

☞ Premio Nobel de Literatura en 1954.

OBRAS:

– *Adiós a las armas.*
– *Fiesta,* relato en el que se describen los Sanfermines de Pamplona.
– *Por quién doblan las campanas,* se desarrolla en España durante la Guerra Civil
– *Las nieves del Kilimanjaro.*
– Entre sus relatos cortos sobresale *El viejo y el mar.*

EUGENE O'NEILL
(Nueva York, 1888-Boston, 1953)

☞ Sus obras dramáticas, en principio realistas, fueron adoptando tintes expresionistas.

☞ Es característico de su producción el lenguaje original y sugestivo y el escepticismo en lo que se refiere al mundo moderno, a la ciencia y al progreso.

☞ Premio Nobel de Literatura en 1936.

OBRAS:

⇨ Teatro:

– *Detrás del horizonte.*
– *A Electra le sienta bien el luto.*
– *El largo viaje hacia la noche.*

2.8. HISPANOAMÉRICA

☞ **PROSA**: Jorge Luis Borges, Julio Cortázar, Gabriel García Márquez, Mario Vargas Llosa.

☞ **POESÍA**: Pablo Neruda, Octavio Paz.

JORGE LUIS BORGES
(Buenos Aires, 1899-Ginebra, 1986)

☞ Escritor de una gran cultura. Su obra abarca los géneros de la poesía, el ensayo y el relato corto. Su producción no encaja en las habituales clasificaciones de géneros: los poemas invaden el mundo de la narración, los relatos se aproximan a la lírica o al ensayo y éste se mezcla con la ficción.

☞ Recibió el premio Cervantes en 1979.

OBRAS:

- *Los Conjurados,* libro de poemas.
- *Historia universal de la infamia,* conjunto de cuentos breves.
- *Ficciones, El Aleph, El Hacedor*. Estos relatos no son realistas, lo que presentan, o bien no existe o sucede raramente.
- *Inquisiciones, El tamaño de mi esperanza, Evaristo Carriego,* ensayos.

PABLO NERUDA
(Parral, Chile, 1904-Santiago de Chile, 1973)

☞ Seudónimo de Ricardo Eliecer Neftalí Reyes.

☞ Como diplomático vivió en España sintiéndose un componente más de la Generación del 27.

☞ Uno de los poetas más importantes de nuestro siglo y renovador de la poesía posterior al Modernismo.

OBRAS:

- *Residencia en la tierra,* donde expresa una visión pesimista y desoladora del hombre.
- *Canto general,* cántico épico y socialista a América.

– *Odas elementales, Cien sonetos de amor* y *Veinte poemas de amor y una can ción desesperada,* títulos de sus obras amorosas.

Octavio Paz

(Ciudad de México, 1914-íd., 1998)

☞ Considerado el mejor poeta hispanoamericano posterior a la Segunda Guerr Mundial.

☞ Su obra es poética y ensayística.

☞ La mayor parte de su obra poética está construida con técnicas vanguardista desde la caligrama y la poesía visual hasta los difíciles procedimientos surrealista estos últimos predominantes en su producción.

☞ En 1981 recibió el Premio Cervantes.

Obras:

– *Libertad bajo palabra,* donde trata cuestiones sociales como la propia intimida y la reflexión existencial y metafísica.

– *Salamandra,* que reúne su poesía más hermética.

– *Ladera este.*

Julio Cortázar

(Bruselas, 1914-París, 1984)

☞ En 1919 se trasladó a vivir a Buenos Aires, Argentina.

☞ En Buenos Aires trabajó como traductor y profesor hasta 1954, cuando se tra ladó a vivir a París, donde murió.

☞ Destaca como narrador de cuentos fantásticos. Cortázar ignora en muchos c sus relatos la rigidez del tiempo y el espacio y mezcla realidad y ficción.

Obras:

– *Los reyes.*

– *Bestiario.*

– *La vuelta al día en ochenta mundos.*

– *Rayuela,* novela considerada como su obra maestra.

JUAN RULFO
(Sayula, 1918-Ciudad de México, 1986)

☞ Pese a la brevedad de su obra, está considerado como una de las figuras más re-evante de la literatura hispanoamericana.

☞ En 1983, recibió el premio Príncipe de Asturias de las Letras.

OBRAS:

- Se dio a conocer con la colección de cuentos *El llano en llamas,* compuesta por quince cuentos en los que describe la trágica vida del campesinado mexicano.
- *Pedro Páramo* es una compleja novela que podría incluirse en la corriente del realismo mágico.

AUGUSTO ROA BASTOS
(Asunción, 1917)

☞ En 1947 se exilió en Buenos Aires hasta el comienzo de la dictadura militar en se país. Posteriormente vivió en Francia. En 1983 obtuvo la nacionalidad española.

☞ Se le considera adscrito al realismo regionalista, aunque sus obras, por su cla-o transfondo simbólico, superan claramente ese marco.

☞ En 1989 le fue concedido el premio Cervantes.

OBRAS:

- En la novela *Hijo de hombre describe,* una de sus obras mayores, está ambientada durante la llamada *guerra del Chaco* entre Paraguay y Bolivia.
- *Yo, el supremo* es su mejor obra y una de las cumbres de la narrativa hispanoamericana. A través de la figura de José Gaspar Rodríguez Francia, supremo dictador del Paraguay durante veintiséis años, la novela describe la vida de este país desde su independencia.
- Otros ejemplos de su producción novelística son *La vigilia del almirante, El fiscal* y *Contravida.*
- También escribió los libros de relatos *El baldío, Madera quemada* y *El sonámbulo.*

CARLOS FUENTES
(Ciudad de Panamá, 1928)

☞ Escritor mexicano.

☞ Ha utilizado en sus novelas un lenguaje barroco, muy rico en léxico.
☞ En 1983 recibió el premio Cervantes.

OBRAS:

- Entre sus novelas más importante se encuentran *La muerte de Artemio Cruz*, *Cambio de piel*, *Terra Nostra* y *Gringo viejo*.
- También ha escrito libros de relatos como *Los días enmascarados*, *Agua quemada* y *El naranjo o los círculos del tiempo*.
- *La nueva novela mexicana*, *Tiempo mexicano* y *Nuevo tiempo mexicano* son algunos de sus ensayos.

ALEJO CARPENTIER
(La Habana, 1904-París, 1980)

☞ De ideología comunista desempeñó diferentes cargos tras el triunfo de la Revolución Cubana.

☞ En su obra, de gran riqueza léxica, se detectan influencias de la literatura barroca española, de la tradición afrocubana y de la cultura francesa.

☞ En 1977 recibió el premio Cervantes.

OBRAS:

- Su primera novela fue *Ecue-Yamba-O*, un tributo al negrismo impulsado por N. Guillén.
- *El reino de este mundo* es una novela histórica que narra las sublevaciones negras en Haití durante el siglo XVIII.
- Otras de sus novelas son *El siglo de las luces*, *El recurso del método* y *La consagración de la primavera*.

GABRIEL GARCÍA MÁRQUEZ
(Aracataca, Colombia, 1928)

☞ Uno de los novelistas más admirado y leído últimamente y el mejor representante de los novelistas hispanoamericanos, fabulador y espléndido narrador de historias. Novelista creador de cuentos extraordinarios y de una gran obra periodística.

☞ Utiliza una depurada técnica narrativa, crea personajes inolvidables y variedad de recursos lingüísticos.

☞ Recibió el Premio Nobel de Literatura en 1982.

OBRAS:

- *Cien años de soledad.*
- *El otoño del patriarca,* novela sobre la figura del dictador.
- *Crónica de una muerte anunciada,* reconstruye las horas precedentes al asesinato de Santiago Nasar, cuya muerte inminente todos conocen.
- *El amor en los tiempos del cólera,* novela en la que se relata una historia de amor inquebrantable.

Cien años de soledad

➪ Publicada en 1967.

➪ Se considera la obra más representativa del Realismo mágico.

ARGUMENTO: Relata la historia de Macondo, un pueblecito entre real y mítico, y de una familia, los Buendía, marcada por el estigma de la soledad.

Hay un paralelismo entre la historia de la familia Buendía y el destino de Macondo, que transcurre a lo largo de las treinta y dos guerras civiles promovidas por el coronel Aureliano Buendía.

MARIO VARGAS LLOSA
(Arequipa, Perú, 1936)

☞ Miembro del llamado «boom» de la narrativa hispanoamericana.

☞ Alterna su labor de novelista con el de articulista en prensa.

☞ Su estilo es básicamente realista. Sus obras reflejan la convulsa realidad social peruana (y en algún caso, latinoamericana), sacudida por conflictos de tipo racial, sexual, moral y político.

OBRAS:

- *Los jefes,* la novela que le lanzó a la fama.
- *La ciudad y los perros.*
- *La casa verde,* con una estructura interna magnífica.
- *Conversación en La Catedral,* novela política.

– *Pantaleón y las visitadoras,* de carácter paródico.
– *Historia de un deicidio,* que demuestra lo buen ensayista que es.
– *La guerra del fin del mundo* es una vuelta al estilo de composición épica de su primera etapa y una rara incursión en el mundo sociopolítico del Brasil de fines del siglo XIX.
– *Historia de Mayta.*
– *Los cuadernos de don Rigoberto.* En esta novela el autor se sumerge, a través de los recuerdos del protagonista, en un mundo de fantasía creadora y erotismo.
– *La fiesta del chivo,* novela que recrea la fase final de la dictadura de Leónidas Trujillo, en la República Dominicana.

Los géneros literarios. Características

LÍRICO-NARRATIVOS		UTILITARIOS		
EN VERSO	EN PROSA	DIDÁCTICOS	PERSUASIVOS	MODERNOS
➩ Idilio ➩ Égloga ➩ Balada ➩ Romance	➩ Prosa poética	➩ Mística y ascética ➩ Literarios ➩ Científicos ➩ Biografías ➩ Fábula-apólogo ➩ Epístola ➩ Ensayo	➩ Oratoria ➩ Sermón ➩ Discurso	➩ Periodismo ➩ Crítica ➩ Guión de cine ➩ Radio difusión

LOS GÉNEROS LITERARIOS TRADICIONALES Y MODERNOS

NARRATIVOS			LÍRICOS		DRAMÁTICOS		
EN VERSO	EN VERSO O PROSA	PROSA	MAYORES	MENORES	MAYORES	MENORES	MUSICALES
➩ Epopeya ➩ Poema épico-histórico	➩ Leyenda ➩ Cuento	➩ Novela ➩ Historia	➩ Himno ➩ Oda ➩ Canción ➩ Elegía	➩ Soneto ➩ Letrilla ➩ Villancico ➩ Romance lírico ➩ Sátira ➩ Epigrama	➩ Tragedia ➩ Comedia ➩ Drama	➩ Autos sacramentales ➩ Entremés ➩ Sainete ➩ Farsa ➩ Melodrama ➩ Vodevil	➩ Ópera ➩ Zarzuela ➩ Opereta ➩ Revista

GÉNEROS NATURALES
Formas naturales de la expresión literaria

ÉPICA
El autor habla de lo que hacen los personajes

EN VERSO			EN PROSA		
EPOPEYA	POEMA ÉPICO	CANTARES DE GESTA	ROMANCES	CUENTO-APÓLOGO	NOVELA
➪ *Ramayana* ➘ Valmiki (India) ➪ *La Ilíada* ➪ *La Odisea* ➘ Homero (Grecia)	➪ *La Eneida* ➘ Virgilio (Roma) ➪ *Os Lusiadas* ➘ Camões (Portugal)	➪ *Cantar de Mío Cid* ➘ Anónimo (España)	➪ *En tierra de Alvargonzález* ➘ A. Machado (España)	➪ *El conde Lucanor* ➘ D. Juan Manuel (España)	➪ *El Quijote* ➘ Cervantes (España)

LÍRICA
El autor habla de sí mismo

ODA	ELEGÍA	ÉGLOGA	MADRIGAL	SÁTIRA
➪ *Oda al Santísimo Sacramento* ➘ Federico García Lorca	➪ *Elegía a Ramón Sifé* ➘ Miguel Hernández	➪ *Églogas* ➘ Garcilaso de la Vega	➪ *A unos ojos* ➘ Gutierre de Cetina	➪ *A una nariz* ➘ F. de Quevedo

DRAMÁTICA
El autor se desvanece y son los personajes sus intérpretes

TRAGEDIA	COMEDIA	DRAMA
➪ *Edipo Rey* ➘ Sófocles (Grecia)	➪ *Comedia de las equivocaciones* ➘ W. Shakespeare (Inglaterra)	➪ *Fuenteovejuna* ➘ Lope de Vega (España)

- ☞ **APÓLOGO:** Es un relato breve de peripecias inventadas cuya finalidad es la enseñanza moral o un consejo práctico.
- ☞ **AUTO SACRAMENTAL:** De creación española (siglos XVI-XVII), se caracteriza por su brevedad (un acto) y la intervención de personajes alegóricos (la Fe, la Virtud). Termina con una exaltación de la Eucaristía.
- ☞ **CANTAR DE GESTA:** Son poemas escritos durante la Edad Media para exaltar las hazañas de un héroe.
- ☞ **COMEDIA:** Es una obra teatral de tema cómico y final feliz. En oposición a la tragedia, ofrece una trama más complicada, tanto por el número de personajes como por la variedad de episodios que la componen. Normalmente, representa situaciones de la vida cotidiana y los personajes, sea cual sea su posición social, utilizan un lenguaje coloquial.
- ☞ **CUENTO:** Es un relato breve en prosa. Exige una delimitación rápida de personajes, acontecimientos y situación. Hay dos tipos de cuentos: el cuento popular anónimo y de transmisión oral, y el cuento escrito, producto de una elaboración atenta y cuidada.
- ☞ **DRAMA:** Apunta más fielmente que la tragedia o la comedia a la realidad de la vida. En su composición pueden señalarse unos caracteres intermedios entre ambas, aunque sus conflictos y desenlaces son menos adversos que los de la tragedia clásica. En España el drama recibió el nombre de tragicomedia desde finales del siglo XVIII.
- ☞ **ÉGLOGA:** Expresa sentimientos amorosos puestos en labios de pastores idealizados.
- ☞ **ELEGÍA:** Poema en el que se manifiesta un sentimiento de dolor ante una desgracia individual o colectiva.
- ☞ **ENTREMÉS:** Es una obrita de teatro corta, en verso o en prosa, de carácter cómico y popular, que se representa en los entreactos de una obra larga
- ☞ **EPIGRAMA:** Texto lírico breve que expresa de manera ligera e ingenua un pensamiento festivo, laudatorio, satírico...
- ☞ **EPOPEYA:** Texto épico en el que se narra una acción memorable y decisiva para la Humanidad o para un pueblo.
- ☞ **FARSA:** Obra de teatro cómico-satírica, caracterizada por la brillantez del diálogo y los personajes exageradamente caricaturizados.
- ☞ **MADRIGAL:** Es un poema breve en el que se describe alguna cualidad de la amada.
- ☞ **MELODRAMA:** Especie de drama de escasa calidad y de acción complicada, que trata de despertar, en un auditorio poco cultivado, curiosidad y emoción.

- **NOVELA:** Es el gran género narrativo de la literatura contemporánea. Relato complejo, normalmente extenso y escrito en prosa, que crea un mundo imaginario.
- **ODA:** Poema de larga extensión que expresa, de modo solemne y elevado, la admiración y entusiasmo hacia el sentimiento que les inspiró.
- **ÓPERA:** Representación teatral en la que se asocia la música a la acción dramática. Está concebida para ser representada y cantada con un acompañamiento orquestal.
- **OPERETA:** Representación teatral ligera, en la que los fragmentos contados alternan con los hablados. Muchas veces encierra propósitos de parodia o sátira.
- **POEMA ÉPICO:** Relata hazañas heroicas con el propósito de glorificar y engrandecer a una nación. Suelen ser de gran extensión.
- **REVISTA:** Espectáculo teatral consistente en una serie de cuadros sueltos, por lo común tomados de la actualidad. Hay alternancia de diálogos y canto.
- **ROMANCE:** Repetición de fragmentos de Cantares de Gesta que se cantaban en España durante el siglo XV. Poema de corta extensión que generalmente cuenta hechos de armas o hazañas militares.
- **SAINETE:** Obra dramática generalmente cómica y con personajes populares. Fue un género muy cultivado en España, sobre todo en la segunda mitad del siglo XIX.
- **SÁTIRA:** Composición, generalmente en verso, que censura o crítica vicios individuales o colectivos.
- **TEATRO LÍRICO:** Género teatral en el que los personajes cantan acompañados de orquesta y coros
- **TRAGEDIA:** Obra de teatro cuyos protagonistas, reyes, dioses, héroes, acometen inflexiblemente determinadas empresas o se ven arrastrados por pasiones que desembocan en un final funesto.
- **VODEVIL:** Comedia ligera de origen francés, cuya base es la intriga y el equívoco, semejante a la comedia española de enredo.
- **ZARZUELA:** Obra dramática y musical en la que alternativamente se declama y se canta. Es un género típicamente español.

Las figuras retóricas

LAS FIGURAS RETÓRICAS		
RELACIONADAS CON EL NIVEL FÓNICO	**RELACIONADAS CON LA CONSTRUCCIÓN SINTÁCTICA**	**RELACIONADAS CON EL NIVEL SEMÁNTICO**
ALITERACIÓN ONOMATOPEYA PARANOMASIA ENCABALGAMIENTO	ASÍNDETON ELIPSIS POLISÍNDETON ANÁFORA RETRUÉCANO HIPÉRBATON ANACOLUTO	SINÉCDOQUE METONIMIA METÁFORA SINESTESIA ALEGORÍA SÍMBOLO HIPÉRBOLE PROSOPOPEYA ANTÍTESIS EQUÍVOCO OXÍMORON PARADOJA IRONÍA SÍMIL O COMPARACIÓN

☞ **ALEGORÍA:** Descripción de acciones o hechos imaginarios, pero que se corresponden con hechos reales.

Hay también alegoría cuando, en el poema, el relato o el drama, intervienen personajes alegóricos que encarnan ideas abstractas, como la providencia, la envidia, el género humano…

✎ «Pobre barquilla mía → vida
entre peñascos rota →dificultades
sin velas desvelada →desvalida
y entre las olas sola.» →peligros

Lope de Vega

☞ **ALITERACIÓN:** Se produce por la repetición de uno o varios fonemas en una sola palabra o una frase.

✎ «verme morir entre memorias tristes»

Garcilaso de la Vega

☞ **ANACOLUTO:** Omisión de la continuación o conclusión de una oración inicial.

✎ «El alma que por su culpa se aparta de esta fuente y se planta en otra de muy mal olor, todo lo que corre della es la mesma desventura y soledad.»

☞ **ANÁFORA:** Repetición de una o más palabras al comienzo de dos o más unidades sintácticas.

✎ «Todas visten un vestido
todas calzan un calzar
todas comen a una mesa
todas comen de un pan.»

Romancero

☞ **ANTÍTESIS:** Cuando se enfrentan ideas o vocablos opuestos para llamar la atención sobre ellos.

✎ «Yo no sé si eres muerte o eres vida
si toco rosa en ti o toco estrella.»

Dámaso Alonso

✎ «Yo velo cuando tu duermes
yo lloro cuando tú cantas»

Miguel de Cervantes

☞ **ASÍNDETON:** Consiste en la omisión de las conjunciones para dar más viveza al texto.

✎ «Rendí, rompí, derribé,
rajé, deshice, prendí
desafié, desmentí,
vencí, acuchillé, maté…»

Lope de Vega

☞ **ELIPSIS:** Es la omisión de algún elemento de la frase buscando la concisión y la rapidez expresiva.

✎ «Lo bueno, si breve, dos veces bueno.»

Baltasar Gracián

☞ **ENCABALGAMIENTO:** Desacuerdo entre el ritmo métrico y el sintáctico. Se produce cuando un sintagma reparte sus elementos entre dos versos. Puede ser abrupto o suave.

✎ «Este es mi sitio. Mi terreno. Campo de aterrizaje de mis ansias.»

Blas de Otero

☞ **EQUÍVOCO:** Se apoya en la polisemia de un significante para lograr un efecto cómico o ingenioso.

✎ «Otro día, le enseñaremos en él el río Manzanares, que se llama río porque ríe de los que van a bañarse en él no teniendo agua.»

Luis Vélez de Guevara

☞ **HIPÉRBATON:** Alteración del orden habitual de la frase. La alteración ha de ser notable, exagerada.

✎ «Era el año de la estación florida»

Luis de Góngora

☞ **HIPÉRBOLE:** Consiste en una ponderación exagerada.

✎ «Érase un hombre a una nariz pegado
érase una nariz superlativa»

Francisco de Quevedo

☞ **IRONÍA:** Con palabras, usadas en tono de burla, se significa lo contrario de lo que realmente se da a entender.

✎ «... los calzones eran de lienzo, y las medias de carne. Bien es verdad que lo enmendaban los zapatos, porque los de uno eran alpargatas tan traídos como llevados, y los del otro picados y sin suelas...»

Miguel de Cervantes

☞ **METÁFORA:** Consiste en utilizar una palabra con un sentido distinto del que tiene, pero manteniendo con éste una relación de semejanza.

✎ «El viento se llevó los algodones del cielo»

Federico García Lorca

☞ **METONIMIA:** Se basa en la contigüedad entre el término real y la imagen: al estar juntos, la imagen presta nombre al término real:

✎ «Estoy leyendo a Cervantes.» (una obra de dicho autor)

☞ **ONOMATOPEYA:** Figura que contiene vocablos cuyos sonidos pretenden evocar los propios de animales o de cosas.

✎ «El nido con que rueda la ronca tempestad»

José Zorrilla

☞ **OXIMORON:** Consiste en juntar dos palabras o dos ideas de sentido contrario.

✎ «Vivo sin vivir en mí
y tan alta vida espero
que muero porque no muero.»

Santa Teresa de Jesús

☞ **PARADOJA:** Es la contraposición de dos conceptos aparentemente contradictorios

✎ «¡Oh llama de amor viva
que tiernamente hieres...!»

San Juan de la Cruz

☞ **PARANOMASIA:** Se busca comicidad al usar intencionadamente vocablos que se diferencian por la vocal acentuada o por la semejanza que entre sí tienen los vocablos.

azar-azor adaptar-adoptar

✎ «Para arador te faltan más de cien
Para orador te faltan más de mil»

Fray Diego T. González

☞ **POLISÍNDETON:** Repetición innecesaria de una conjunción.

✎ «Y me cansé, y quise dejarlos y ya no supe»

Gabriel Miró

☞ **PROSOPOPEYA O PERSONIFICACIÓN:** Atribuye a los seres inanimados o animales cualidades humanas.

✎ «La tarde se ha dormido
y las campanas suenan»
Antonio Machado

☞ **RETRUÉCANO:** Inversión intencionada de una frase ya dicha para que contraste el contenido de ambas.

✎ «¿Siempre se ha de sentir lo que se dice?
¿Nunca se ha de decir lo que se siente?»
Francisco de Quevedo

☞ **SÍMBOLO:** Es una realidad perceptible por los sentidos, que se adopta para representar otra realidad de carácter espiritual o abstracto.

El «buitre» de Unamuno, simboliza su angustia espiritual:

✎ «Este buitre voraz de años torvo
que me devora las entrañas fiero
y es mi único y constante compañero
labra mis penas con un pico cervo.»
Miguel de Unamuno

☞ **SÍMIL O COMPARACIÓN:** Es una comparación expresa de una cosa con otra. Se identifica fácilmente por la presencia de palabras del tipo como, igual que y semejantes.

✎ «El tren es bonito, espectacular; los coches son verdes como
la mar, y la máquina negra, sombría y misteriosa como la noche.»
Camilo José Cela

☞ **SINÉCDOQUE:** Es un tipo particular de metonimia. Consiste en alterar el significado de las palabras para designar un todo con una de sus partes o, viceversa, una parte con el todo.

✎ «Tenía quince primaveras.» (= años)
✎ «La ciudad le hizo un gran recibimiento.»

☞ **SINESTESIA:** Consiste en atribuir a un sentido lo que percibimos por otro.

✎ «En la calma oliente y negra
suena un agrio cornetín.»

Juan Ramón Jiménez

NOTAS